ARMORIAL

DU BOURBONNAIS

ARMORIAL

DU

BOURBONNAIS

PAR

M. le Comte DE SOULTRAIT

EN SON VIVANT

Membre non résidant du Comité des travaux historiques, Président de la Société d'Emulation
de l'Allier et de la Société Nivernaise des Lettres, Sciences et Arts,
Associé correspondant de la Société des Antiquaires de France, Membre de l'Académie de Lyon, etc.

DEUXIÈME ÉDITION

PUBLIÉE SOUS LA DIRECTION DE

M. ROGER DE QUIRIELLE

Membre de la Société d'Emulation de l'Allier, de la Société Nivernaise des Lettres,
Sciences et Arts, de la Société de la Diana, etc., etc.

TOME PREMIER

MOULINS
ANDRÉ PARIS, LIBRAIRE-ÉDITEUR
PLACE DE LA BIBLIOTHÈQUE
1890

INTRODUCTION

'ARMORIAL DU BOURBONNAIS *a paru en 1857; il a eu l'heureuse fortune d'être bien accueilli. Etant devenu assez rare, on nous a demandé d'en donner une nouvelle édition, corrigée et augmentée, que nous offrons aujourd'hui aux archéologues curieux des connaissances héraldiques et aux familles du Bourbonnais.*

On nous permettra de préciser, dans une introduction peut-être un peu longue, quel a été notre but en entreprenant cet ouvrage et, pour cela, nous serons obligé de répéter, en partie, ce que nous écrivions dans la préface de la seconde édition de l'ARMORIAL DU NIVERNAIS publiée, il y a quelques années, par la Société nivernaise des lettres, sciences et arts. Disons d'abord que ce livre est une œuvre archéologique et non un travail généalogique; un Armorial et non un Nobiliaire du Bourbonnais.

Etablissons nettement la différence qui existe entre un Nobiliaire et un Armorial; un nobiliaire recherche et apprécie la position aristocratique des familles, leur ancienneté, leur illustration; il ne s'occupe que des blasons des familles nobles. Tout autre est la destination d'un Armorial, qui est au blason d'une province ce qu'un dictionnaire est à la langue

1

d'un pays, rassemblant toutes les armoiries sans distinction, afin de faciliter leur attribution, comme le dictionnaire réunit tous les mots scientifiques, littéraires, vulgaires même, pour en élucider le sens et en déterminer l'emploi.

Dans cet Armorial, nous avons donc décrit toutes les armoiries bourbonnaises qu'il nous a été possible de connaître d'une manière sûre, qu'elles aient appartenu aux Sires et aux Ducs de la province, aux Évêques, aux villes, aux corporations, aux communautés religieuses, enfin, aux familles nobles et bourgeoises.

La complaisance extrême de presque tous les généalogistes anciens et modernes a quelque peu déconsidéré les ouvrages héraldiques. Nos armoriaux, comme du reste quelques travaux analogues modernes, se distinguent, nous croyons pouvoir l'affirmer, des livres auxquels nous avons fait allusion, en ce qu'ils n'ont point été écrits pour flatter les vanités aristocratiques, mais bien dans le seul but de servir à l'histoire et à l'archéologie. En effet, l'usage des armoiries ayant été général depuis le XIIIe siècle et, surtout depuis le XVIe, l'archéologue, le numismate, l'historien trouvent constamment sur les monuments et dans les documents, objets de leurs investigations, des blasons dont l'explication et l'attribution sont souvent nécessaires, toujours utiles et intéressantes pour leurs recherches.

Il serait superflu de discuter ici l'importance de la modeste science héraldique dans les études qui ont pour objet le Moyen-Age et la Renaissance ; cette importance est aujourd'hui universellement reconnue.

Nous nous sommes fort préoccupé de la recherche des armoiries des familles anciennement éteintes, que les héraldistes, plus ou moins sérieux, des deux derniers siècles n'avaient eu aucun intérêt matériel à reproduire. Ces blasons sont les plus importants à faire connaître dans un Armorial archéologique, ce sont aussi les plus difficiles à trouver : Il nous a fallu essayer de les découvrir et de les attribuer sur les sceaux, au milieu des verrières, dans l'ornementation sculptée et peinte des églises et des châteaux. Nous en avons retrouvé un certain nombre, mais la mention : Armoiries inconnues, *malheureusement trop fréquente dans notre livre, prouve que nos longues et patientes recherches, non-seulement dans les livres et dans les archives mais sur les monuments, n'ont pas toujours été couronnées de succès. En effet, nous ne pouvons donner les armoiries que de 550 des 801 familles mentionnées comme ayant eu certainement un blason, qui pourra se retrouver un jour, de même que nous avons retrouvé environ 150 écussons non décrits dans notre première édition.*

L'ARMORIAL DU BOURBONNAIS est divisé en quatre parties : La première renferme la description des armoiries des derniers sires et de tous les ducs de Bourbon, de leurs femmes, et des diverses branches de cette illustre maison de Bourbon, la plus grande des races royales, qui avait fait de la France, maintenant si amoindrie par ses révolutions, la plus glorieuse nation du monde.

Dans la seconde partie, nous donnons les blasons des Évêques de Moulins, et des établissements religieux de la province.

Dans la troisième sont rangés les écussons des villes et des corporations.

Enfin, la quatrième partie, de beaucoup la plus considérable, est consacrée aux familles ; chaque article indiquant, autant qu'il nous a été possible de le faire, les noms des fiefs et seigneuries possédés par ces familles en Bourbonnais, désignant les châtellenies dans la circonscription desquelles se trouvaient ces fiefs, énumérant les alliances des familles que nous avons pu trouver, et les ouvrages et documents consultés par nous.

*Un savant archéologue de Lyon, héraldiste distingué, M. Steyert, faisant à l'*ARMORIAL DU BOURBONNAIS *l'honneur de le citer dans la remarquable préface de son* ARMORIAL DU LYONNAIS, *disait que nous avions, pour la première fois, introduit la critique dans la recherche des blasons. Les notes qui accompagnent un assez grand nombre* *d'articles de famille, ont justement pour but de soumettre à une étude critique les armoiries décrites et attribuées, et de signaler, à l'appui de leur authenticité, les monuments sur lesquels elles sont reproduites. On ne trouvera dans ces notes aucune appréciation de la plus ou moins grande position nobiliaire des familles. Nous repoussons absolument la prétention de nous ériger en Juge d'armes du Bourbonnais, et, nous le répétons encore : Nous avons voulu faire uniquement du blason archéologique.*

Nous pensons intéresser nos lecteurs, sans sortir du cadre que nous nous sommes tracé, en leur donnant une sorte de statistique aristocratique de la province, statistique anonyme bien entendu, que nous faisons précéder de certaines indications, tirées d'une pièce manuscrite de la Bibliothèque nationale (1), relatives à la noblesse du Bourbonnais. Cette pièce, de 1664, est intitulée : Gouvernement militaire ou la noblesse de la province de Bourbonnais ; *c'est un rapport fait au Roi sans doute par l'Intendant de la généralité de Moulins. En voici le préambule :*

« *Pour cognoistre le general de la noblesse, le nombre des* « *gentilzhommes qui sont dans la sénéchaussée de Bourbon-* « *nois, qui est de mesme etendue que toute la province, le* « *merite en particulier, le nom et revenu des biens qu'ils pos-* « *sèdent, leur naissance et leur crédit, comme ils se sont com-* « *portés dans les guerres civiles, les violences qu'ils y exercent* « *sur leurs sujets, et s'ils jouissent de leurs terres par leurs* « *mains, jay creu qu'il estoit à propos de faire deux classes* « *desdits gentilzhommes : Dans la première y mettre les plus* « *grands seigneurs et gentilzhommes du pays, ou ceux qui ont* « *le plus servi dans les armées ou qui sont plus riches.*

« *Dans la seconde, ceux qui sont ou ont été officiers chez* « *Le Roy ou maisons royales ou ont moins servy, d'autres*

---

(1) Vol. 277 du fonds des 500 de Colbert.

« *qui sont moins riches que les premiers et enfin les autres qui*
« *vivent noblement, faisant profession des armes.* »

*Suivent les deux listes de noms, avec des observations assez
curieuses : La première comprenant cent cinquante-huit personnages appartenant à cent vingt familles ; la seconde ren-
fermant cent cinquante et un personnages appartenant à cent
quarante-cinq familles. En tout, trois cent-neuf gentilshommes
et deux cent soixante-cinq familles, dont vingt-sept ou vingt-
huit seulement existent encore.*

*Le rédacteur du rapport ajoute à la suite de ses énuméra-
tions les observations suivantes :*

« *Il est à remarquer que la plupart des seigneurs et des*
« *gentilshommes du Bourbonnois jouissent de leurs terres*
« *par leurs mains, excepté ceux qui servent actuellement dans*
« *les armées.* »

« *Il y a bien quatre cents gentilshommes* (1), *nobles ou*
« *vivant noblement dans l'estendue de la sénéchaussée du*
« *Bourbonnois.* »

« *Le bien qui a été marqué en détail aux seigneurs et gentils-*
« *hommes du présent mémoire monte assez haut pour le fond*
« *de terre, mais quoiqu'il semble par cette supputation que la*
« *noblesse du Bourbonnois soit assez riche* (2), *la vérité est*
« *néanmoins qu'elle est fort endettée et qu'il y en a plus de la*
« *moitié d'incommodés et pauvres.* »

« *Il est aussi à observer que, dans le Bourbonnois,* il y a
« plus grand nombre de personnes vivant noblement que de
« véritables gentilshommes, *ainsi tous ceux employés au pré-*
« *sent mémoire sont fort différents les uns des autres.* »

---

(1) Le mémoire en nomme seulement trois cent-neuf, mais il ne mentionne que ceux qui étaient chefs de famille ou de branche.

(2) Le manuscrit donne le chiffre de la fortune de cent quatre-vingt-dix-
neuf de ces gentilshommes, dont cinq avaient de 20,000 à 35,000 fr. de
revenus ; quatre, de 15,000 à 20,000 ; onze, de 7,000 à 10,000 ; dix-huit,
de 5,000 à 6,000 ; quarante-deux, de 3,000 à 4,000 ; trente-six, 2,000 ;
vingt-six, 1,500 ; enfin quarante-six, 1,000 et au-dessous.

« *La connaissance que j'ai prise de cette province depuis*
« *cinq années, ne me permettant pas d'assurer qu'il y ait*
« soixante ou quatre-vingts gentilshommes d'extraction et de
« bonne noblesse dans tout le Bourbonnois, *tous les autres,*
« *s'ils étoient bien recherchés, passeroient sans doute ou pour*
« *avoir usurpé la qualité, ou du moins pour être fort obscurs*
« *dans leur condition et n'avoir qu'une élévation fort médiocre*
« *pour se distinguer du commun.* »

L'Armorial donne les noms de huit cent cinq familles, dont six cent cinquante-six étaient nobles de race, ou avaient été affiliées à la noblesse. Si, maintenant, nous essayons d'établir une classification entre les familles nobles, nous n'en trouvons que trente-cinq, y compris la maison de Bourbon, qui puissent être rangées dans la haute noblesse féodale, dans la noblesse historique, c'est à peine si sept de ces familles sont encore représentées.

Deux cent vingt autres familles, moins marquantes que les premières, ont appartenu à la noblesse chevaleresque; nous comprenons dans cette catégorie cent treize personnages, dont les blasons sont figurés dans l'Armorial de Guillaume Revel. De ces deux cent vingt familles de notre seconde classe, connues presque toutes aux XIIIe et XIVe siècles, seize ou dix-huit existent encore.

Nous formerons une troisième classe de deux cent trente familles dont plusieurs ont pu aller de pair avec celles de la seconde, mais dont les titres sont moins anciens et en général moins sérieux. Certaines de ces familles, relativement marquantes à la fin du XVe siècle et au XVIe, doivent trouver place entre la noblesse de race et la bourgeoisie anciennement anoblie : Elles tenaient en même temps à la noblesse et à la bourgeoisie, ayant des représentants dans l'armée, dans la robe et dans les administrations municipales ; quelques-uns de leurs membres prenant des qualifications nobiliaires, d'autres n'en prenant pas.

Il est à remarquer du reste que, dans le centre de la France, beaucoup de familles arrivèrent à la noblesse, pendant le XVe siècle surtout, d'une manière assez peu régulière, par le service militaire ou par la possession de fiefs, mais sans anoblissement. Par contre, on sait que beaucoup de nobles, ruinés pendant les guerres désastreuses du XVe siècle, dérogèrent souvent ou du moins se virent forcés de demander aux offices de robe et de finance une position que leur épée ne pouvait plus leur donner, par suite de la transformation de la société à cette époque. Nous pensons que dix-huit ou vingt familles de notre troisième catégorie existent encore.

Cent cinquante-quatre familles, dont vingt-trois ou vingt-cinq ont encore des représentants, ont été anoblies de la fin du XVIe siècle à la Révolution, presque toutes par les fonctions de Trésorier de France en la généralité de Moulins.

Enfin seize familles ont été anoblies sous l'Empire et sous la Restauration ; nous pensons qu'il en reste environ la moitié. En résumé, sur les six cent cinquante-six familles nobles du Bourbonnais, soixante-quinze environ existent encore.

Parmi les familles restées bourgeoises, au nombre d'environ cent quarante-huit, auxquelles nous avons donné place dans notre ouvrage, beaucoup étaient fort anciennes, datant des XIVe et XVe siècles, quelques-unes avaient été grandement possessionnées et avaient joué un rôle important dans la province ; à notre connaissance, il en reste vingt-cinq ou trente.

Nous avons dit que nous décririons les armes des familles nobles et bourgeoises. Cette assertion pourra peut-être étonner certaines personnes qui, peu au fait de l'histoire du blason, se figurent que les familles nobles seules avaient le droit de porter des armoiries, ou du moins, que le port des armoiries par les bourgeois n'est point antérieur à l'établissement de l'Armorial général de France, dont nous parlerons plus loin.

Il est à propos de combattre ces deux idées erronées.

En principe, il n'y eut jamais, en France, de droit bien défini au port des armoiries, tandis que la situation nobiliaire des familles fut constamment réglée par des ordonnances plus *ou moins rigoureusement appliquées. Puis, presque dès l'origine du blason, c'est-à-dire au XIIIe siècle, mais surtout à partir du XIVe, les villes et les corporations, puis les familles bourgeoises prirent des armoiries comme les familles aristocratiques.*

Pour se convaincre de la vérité de cette assertion, il suffit de parcourir les Épitaphiers de Paris, de Lyon et des autres grandes villes, de visiter les églises, surtout des environs de Paris et de la Champagne, encore remplies de dalles funéraires des cinq derniers siècles. Partout l'on voit des tombes de bourgeois, et même de bourgeois de condition fort médiocre, décorées de blasons. Le texte des ordonnances héraldiques de 1696, que nous donnerons plus loin, prouve du reste, d'une manière authentique, ce que nous avançons.

La Bibliothèque nationale possède un manuscrit intitulé : « Cy après sont les armes, noms et surnoms d'une partie des gentilshommes et bourgeois de Nivernois et de la ville de Nevers. Ce livre cy dessus a esté fait pour la curiosité du sieur de Challudet en l'an 1638. » Sur les cent vingt-deux écussons reproduits dans cet Armorial, soixante-neuf au moins appartenaient à des familles bourgeoises dont quelques-unes furent anoblies, mais bien postérieurement à l'établissement du manuscrit.

Nous pourrions, si cela était nécessaire, multiplier les preuves de ce que nous avons avancé au sujet de ces armes bourgeoises. Non seulement les bourgeois eurent des armoiries, mais ils les portèrent, surtout à partir du XVIIe siècle, avec les supports, les casques, les cimiers et les couronnes, ornements extérieurs de l'écu réservés à la seule noblesse, d'après des ordonnances peu mises en pratique. Citons le passage d'un auteur Bourbonnais, Jean Mégret, Trésorier de France à Moulins qui, parlant, en 1685, dans un ouvrage généalogique (1) du

---

(1) *Généalogies de quelques nobles familles de Bourbonnois et autres lieux, avec ses preuves, etc.* Moulins, chez Claude VERNOY, 1685, in-4°.

tombeau d'un gentilhomme, de vieille et bonne noblesse, dont le blason était simplement surmonté d'un casque de profil, disait : « *Belle leçon pour notre noblesse naissante, et bour-* « *geois, qui le portent de front (le casque) ; d'autres avec cou-* « *ronne. Je ne me puis faire réformateur de cet abus, je n'en* « *ay pas le caractère ; mais il est grand...* »

Citons aussi, au sujet des couronnes indûment placées au-dessus des armoiries, ce paragraphe d'une lettre adressée par Mirabeau, en 1779, à Sophie de Monnier, pour le prier de lui faire graver un cachet dont l'écusson devait être surmonté d'une couronne ducale : « *attendu, dit-il, que les gens de qua-* « *lité prennent tous une couronne de duc, parce qu'il n'y a* « *point de procureur qui ne porte celle de comte ou de mar-* « *quis.* »

L'Armorial général, dont nous avons parlé, est fort connu : Ses nombreux volumes sont certainement les manuscrits les plus consultés de la Bibliothèque nationale, mais peu de per-sonnes savent au juste ce qu'est ce recueil héraldique. Nous allons essayer d'expliquer dans quelles conditions fut composé le seul Armorial officiel *de la France.*

On sait dans quel état se trouvaient, à la fin du XVIIe siècle, les finances de la France appauvries par les guerres du glo-rieux règne de Louis XIV. Les ministres du grand roi s'ingé-niaient à trouver de l'argent, et ils eurent l'idée de spéculer sur la vanité des Français. Un édit de 1696 décida la création de registres dans lesquels seraient inscrits, moyennant droits d'enregistrement, les armoiries non-seulement des gentils-hommes, mais encore des personnes quelles qu'elles fussent, *ainsi que celles des provinces, des villes, des bourgs, des com-munautés et des corporations.*

Voici le texte de l'article VII de cet édit : « *Le Roy ordonne* « *que les officiers, tant de sa maison que de celles des princes* « *et princesses du sang, que ceux de l'épée, de robe, de finance* « *et des villes, les ecclésiastiques, les gens du clergé, les bour-* « *geois des villes franches et autres qui jouissent, à raison de*

« leurs charges, états et emplois, de quelques exemptions, pri-
« vilèges et droits publics, jouiront aussi du droit d'avoir et
« de porter des armes, à la charge de les présenter dans le
« temps ci-dessus au bureau des maîtrises particulières, etc. »

Des Bourgeois, des Roturiers étaient déjà en possession
d'armoiries, et l'injonction à eux faite de les soumettre aux
officiers chargés de les enregistrer avait pour but de donner à
ces blasons le caractère officiel, la publicité et l'authenticité.

Mais il ne s'agissait pas seulement d'inscrire les armoiries
déjà portées par les familles, ce qui n'eut pas produit un
résultat fiscal assez considérable ; un autre article de l'édit
autorisait les personnes qui n'avaient point d'armoiries à s'en
faire donner par les officiers préposés à la confection de
l'Armorial. Voici cet autre article :

« Le Roi, pour ne pas priver de cette marque d'honneur (les
« armoiries) ses autres sujets qui possèdent des fiefs et terres
« nobles, les personnes de lettres et autres qui, par la noblesse
« de leur profession et de leur art ou par leur mérite personnel,
« tiennent un rang d'honneur et de distinction dans ses États
« et dans leurs corps, compagnies et communautés, et généra-
« lement tous ceux qui se sont signalés à son service, dans ses
« armées, négociations et autres emplois remarquables, veut
« que les officiers de la grande maîtrise (de l'Armorial géné-
« ral) leur en puissent accorder lorsqu'ils en demanderont, eu
« égard à leurs état, qualité et profession. »

On voit que les catégories de personnes susceptibles de rece-
voir des armoiries s'étaient déjà bien étendues. Mais on ne s'en
tint pas là, et nombre de petits marchands, même d'artisans,
non-seulement purent se décorer d'écussons, mais encore s'en
virent donner d'office, sans avoir fait aucune démarche pour
les avoir et durent payer un droit d'enregistrement relativement élevé.

La procédure pour l'obtention d'un blason était des plus
simples: on adressait la description des armoiries aux maîtrises particulières des généralités, qui les transmettaient à la

*grande maîtrise, pour être inscrites dans l'Armorial général.
Le garde de cet Armorial faisait ensuite remettre aux inté-
ressés des certificats d'inscription avec description et dessin
colorié des armoiries.*

*D'après l'article XV de l'édit, ces certificats étaient de véri-
tables lettres de concession d'armoiries, mais il était expressé-
ment dit que ces* brevets ou lettres patentes ne pouvaient, en
aucun cas, être tirés à conséquence pour preuve de noblesse,
on ne pouvait pas dire plus formellement que le port d'armoiries, ancien ou récent, n'était point un signe de noblesse.

*Voici quel était le tarif des droits à payer pour l'enregistre-
ment des armoiries : Les personnes non titrées, nobles ou bourgeois, devaient payer vingt livres ; les barons et les vicomtes,
trente livres ; les comtes et les marquis, quarante livres ; les
ducs et pairs, cinquante livres ; les villes et les corporations,
trente livres ; enfin une taxe particulière de cinquante livres
était appliquée aux armoiries dans la composition desquelles
entraient des fleurs de lys.*

*Des arrêts du conseil, rendus en 1696 et 1697, rendirent
obligatoire l'enregistrement des armoiries dans de certaines
limites, limites fort étendues, comme on a pu le voir. L'un de
ces arrêts portait que les personnes qui auraient fait enregistrer des armoiries à l'Armorial général « ne pourraient être
« inquiétées ni recherchées pour raison du port desdites armoi-
« ries, soit pour le passé, soit pour l'avenir, en quelque sorte
« et manière que ce pût être et de quelques pièces que leur écu
« fût chargé. » Cette dernière disposition permettait à qui-
conque de prendre des armoiries de telle ou telle grande
famille, et il y eut des exemples de pareille usurpation.*

*Un autre arrêt, qui ne semble pas avoir été exécuté, stipulait
que les porteurs d'armoiries non enregistrées à partir du
30 mars 1697 seraient punis d'une amende de trois cents livres
et que les meubles, pièces d'argenterie, objets divers ainsi indûment armoriés seraient confisqués.*

Malgré tous ces arrêtés, tous ces règlements, bien des per-

sonnes ne se présentèrent point aux bureaux des maîtrises ; des gentilshommes de bonne noblesse trouvèrent au-dessous d'eux d'aller faire enregistrer leurs armoiries séculaires ; beaucoup de bourgeois, d'artisans, reculèrent devant cette contribution de vingt livres pour se voir gratifiés d'armoiries dont ils n'avaient que faire. Ce furent alors les commissaires héraldiques qui composèrent les blasons des non-comparants. Quelques agents se contentèrent de prendre des pièces héraldiques au hasard, adoptant des séries d'écussons d'une composition semblable, différenciés seulement les uns des autres par des changements de couleur ou par l'adjonction de quelque petite pièce. C'est ainsi qu'on trouve des pages entières de l'Armorial décrivant des écussons à un chevron ou à une bande. D'autres commissaires, d'un esprit plus inventif, se plurent à créer des armoiries parlantes, des sortes de rebus jouant sur le nom des personnes à blasonner.

C'est ainsi que, dans l'Armorial de la généralité de Moulins, la famille Enfert, reçut un diable pour emblême héraldique, qu'un prêtre du nom de Bonamour fut autorisé à placer un Cupidon sur son écusson, qu'à Lyon, les familles Ravachol, Adamoli, Meyssier virent figurer dans leurs blasons : une rave et un chou, Adam et Ève près de l'arbre du paradis terrestre, un arbre (un mai) à demi-scié, et tant d'autres.

Nous avons dit que l'Armorial général est le seul recueil d'armoiries officiel français. Il résulte de ce caractère légal que certaines familles de haute noblesse, qui avaient négligé de faire enregistrer leurs armoiries réelles et qui en avaient reçu d'autres de fantaisie, ne devraient régulièrement avoir droit qu'au port de ces dernières.

Malgré tout ce que nous avons dit des écussons bourgeois, il ne saurait entrer dans le plan de notre ouvrage de reproduire toutes les armoiries inscrites dans l'Armorial de la partie de la généralité de Moulins qui formait la province du Bourbonnais. Il serait d'un intérêt médiocre de donner des blasons dont beaucoup furent attribués d'office à des titulaires qui *souvent ne les portèrent pas et qui, parfois, n'en eurent connaissance que par le droit d'enregistrement que, bon gré mal gré, ils durent payer. Nous nous contenterons de donner les armoiries des familles bourgeoises qui possédèrent des fiefs en Bourbonnais ou qui, au moins, eurent dans la province un établissement de plusieurs générations connues, et y exercèrent des fonctions d'une certaine importance.*

Nous regrettons de ne pouvoir donner place dans notre livre à quelques familles qui, fixées dans le Bourbonnais depuis les premières années de ce siècle, y ont acquis une haute position justement méritée ; mais on comprendra qu'il nous fallait adopter une limite fixe d'établissement dans la province, et la révolution de 1789 en était une toute naturelle. Si donc nous avons donné des armoiries du XIXe siècle, c'est que les familles à qui ces armoiries ont été concédées appartenaient déjà au Bourbonnais au siècle dernier.

Nous avons fait suivre l'Armorial d'un Dictionnaire héraldique dont nous allons faire comprendre l'utilité. La plupart des armoriaux, destinés à donner des blasons de familles connues, sont rangés par ordre alphabétique, comme celui que nous publions aujourd'hui ; les recherches dirigées dans ce but sont d'une solution très prompte et très facile. Dans les études archéologiques, le problème est renversé : les armoiries étant connues, il s'agit de les attribuer, de retrouver la famille qui les portait ; il faut alors parcourir tout l'ouvrage sans même être sûr de trouver le blason cherché, car il peut appartenir à une famille étrangère au pays. Prenant donc pour modèle l'excellent Dictionnaire héraldique *de M. Charles de Grandmaison, nous avons terminé notre Armorial par un dictionnaire dans lequel les noms des Ducs, des villes, des communautés et des familles sont groupés à la suite de l'indication, en ordre alphabétique, des pièces de leur écu.*

Donnons un exemple de l'emploi de ce dictionnaire : On trouve dans une chapelle de l'église de Saint-Martinien, près de Montluçon, un écusson sculpté écartelé, aux 1 et 4 d'un lion léopard lionné, et aux 2 et 3 d'une croix ancrée. On désire savoir quel peut être ce blason ; on cherche au mot Léopard *et on y trouve un certain nombre de noms de famille ; on se reporte ensuite au mot* Croix *et, trouvant dans les deux séries de noms celui de Beaucaire, on sait que l'écu cherché est celui de cette noble famille.*

La même chapelle offre d'autres écussons partis des mêmes armes et de trois gerbes ; on cherche au mot Gerbe, *où l'on trouve le nom de la famille d'Avenières, qui figure aussi dans l'énumération des alliances des Beaucaire. Pour connaître la date approximative de la construction de la chapelle, on n'a qu'à se reporter à une généalogie des Beaucaire et à y chercher l'alliance d'un membre de cette famille avec une d'Avenières.*

Nous avons pensé qu'il était indispensable de donner la liste des membres de l'assemblée de la Noblesse du Bourbonnais en 1789, que nous avons copiée dans la publication de MM. Louis de La Roque et Edouard de Barthélemy, lui laissant sa division par châtellenies.

Un Dictionnaire bibliographique de tous les ouvrages, manuscrits et recueils de documents consultés par nous termine l'Armorial ; au moyen de ce supplément, nous déclinons toute responsabilité, renvoyant aux sources historiques et aux auteurs qui font autorité en pareille matière.

Fidèle à notre intention d'éviter toute critique aristocratique, nous avons inséré les titres, plus ou moins justifiables, que portent les familles. Nous avons indiqué l'origine de ceux, fort peu nombreux, qui ont une origine officielle *connue, sans toutefois vouloir infirmer les autres ou même jeter un doute sur leur authenticité.*

Avant de terminer ce préambule déjà bien long, on nous permettra une dernière observation au sujet de la manière d'écrire et de classer certains noms de famille.

Nous avons, contrairement à l'usage assez généralement admis maintenant, placé à la lettre L *les noms précédés d'un article, au lieu de les ranger à la lettre initiale du mot qui suit l'article. Ainsi nous avons mis à la lettre L, et non aux lettres B, F ou R, les noms de La Barre, Le Borgne, de La Fin, de La Roche, attendu que les noms en question ne sont point Barre, Borgne, Fin et Roche.*

Quant à la particule, nous l'avons toujours séparée du nom, prétendant qu'il faut écrire du Pont, du Mont, de La Geneste, attendu que ce sont des noms de lieux et que la particule est l'abréviation de : Seigneur de ou sieur de, ou bien de : originaire de.

C'est ici le lieu de protester contre une autre opinion générale que la particule placée devant un nom est un titre de noblesse. La plupart des familles nobles ont, il est vrai, ajouté des noms de terre à leur nom patronymique et quelquefois ont placé la particule devant ce nom patronymique, ce qui était un non sens, mais autrefois les bourgeois pouvaient agir de même, et ajouter à leur nom celui des fiefs qu'ils possédaient ; mais ils ne pouvaient pas prendre les titres de messire, d'écuyer, de chevalier, qualificatifs de noblesse dans les pays de droit coutumier, ni celui de noble dans les pays de droit écrit, titres réservés aux seuls gentilshommes.

Terminons en sollicitant l'indulgence de nos lecteurs pour les erreurs, les omissions, la fausse orthographe de certains noms qui, on le comprendra, ne peuvent guère, malgré tout le soin possible, ne pas se trouver en grand nombre dans un ouvrage entièrement composé de noms de familles et de localités.

Toury,   janvier 1888.

CATALOGUE

DES GENTILSHOMMES

DE BOURBONNAIS (1)

SÉNÉCHAUSSÉE DE BOURBONNOIS.

Procès-verbal de l'Assemblée générale des trois ordres.

16 mars 1789.

(*Archiv. imp.* B. III, 36, p. 219, 263-387.)

Jacques Grimauld, écuyer, Sgr de Panloup, la Grange, Mon-
chevrier et le Péage, conseiller du Roi, lieutenant général,
enquêteur et commissaire examinateur en la sénéchaussée
du Bourbonnois et siége présidial de Moulins (2).

(1) Extrait du *Catalogue des gentilshommes de Bourbonnais, Nivernais et Donziois*
qui ont pris part ou envoyé leur procuration aux assemblées de la noblesse
pour l'élection des députés aux Etats généraux de 1789 — publié d'après
les procès-verbaux officiels par MM. Louis de La Roque et Edouard de
Barthélemy. — Paris, E. Dentu, 1865.

(2) Nous croyons devoir faire observer qu'un certain nombre de familles
nobles du Bourbonnais ont pu ne pas figurer dans ces assemblées pour
cause d'absence, de maladie ou d'abstention.

L'orthographe des noms qui composent cette liste a été revue et colla-
tionnée sur la minute du procès-verbal des archives de l'empire, B. a IV, 48.

Les noms précédés du signe — sont ceux des électeurs représentés.

NOBLESSE.

Châtellenie de Moulins.

Aubery du Goustel, aîné, écuyer.
— De Balivières.
— Le comte de Barre.
— Le marquis de Bonnay.
— Madame la comtesse de Beauvoir.
Bodinat de la Motte.
Le chevalier de Bordon.
— Madame de Bourosse.
— Madame la comtesse du Bourg.
De Chabre.
Des Chaises du Chézeau.
Le vicomte de Chalus.
De Champfeu fils.
Charry, marquis des Goutes
— De Chizeul.
— Le baron de Choiseul
Clerget de Saint-Léger.
Le comte du Cléroir, écuyer.
Jean-Louis Coeffier (Coiffier).
Coeffier de Moret.
Coeffier de Verfeu.
Coeffier de Breuille.
Henry Coeffier, baron de Breuille.
— Mgr le prince de Condé.
Conny de Toury.
— Desjours de Mazille
Le comte de Douzon.
Donjon, écuyer.

Dubroc (du Broc) fils et pour son père.
Durye fils, écuyer.
Des Escherolles.
Le comte d'Estrées.
Le baron d'Estrées.
— Farjonnel père.
De Faucompré père.
— De Fretat de Salepaterne.
De Givreuil fils, et pour sa mère.
Hautier de Villemontois.
— De la Brousse-Vérazet.
— Mme la vicomtesse de la Ferronnais.
La Motte-Bodinat.
Le Noir d'Espinasse.
De Lespinasse père.
Le comte du Mirat.
— Le marquis de Montaigu.
De Moricet.
Le baron de Neufchaise.
— L'abbé de Neufchaise.
De Pontgibaud.
— Le marquis de Pont le Roy.
Preveraud du Plaix.
Preveraud de Bornat.
— Priolo.
— Prizy de Chazelles.

— Le comte de Renaud.
Roi de la Brosse (Roy).
   — Roi de l'Ecluse.
Roi de la Chaize.
Roi de la Nizère.
Rollat du Chambon.
   — Rollet d'Avaux.
Le comte de Sagonne.
De Saincy.

Sallé.
Semyn, écuyer.
   — De Soultrait.
Le comte de Tracy.
Le comte des Ulmes de Torcy.
   — Le baron de Veauce.
Vilhardin de Marcellange.
De Vitry.
   — Le comte de Vougy.

Châtellenie d'Ainay-le-Château.

Aubery du Goustel.
D'Aubigny.
   — D'Aubigny, Sgr de Beauvais.
   — Le comte de Barre.
   — Le comte de Béthune.
   — De Bonneval.
   — Le marquis de Bonneval.
De Brinon, écuyer.
De Brinon.
   — De Charot.
Du Chateau, écuyer.
Coeffier de Moret.
Du Deffend.
   — Dersigny.
   — Desmagnaux.
   — Doullet.
   — Le Duc de Charoux.
Dupeyroux (du Peyroux).
Pierre Dupeyroux.
   — François Dupeyroux.
Dupeyroux de Bois-Aubin.
Duverneix, écuyer.
   — Le marquis de Fontenais.

   — De Fontenais.
   — Les héritiers du comte de Fougières.
Le chevalier du Goustel.
   — De la Cour.
Delaporte d'Issertieux (La Porte).
Le marquis de la Porte d'Issertieux.
Le marquis de la Roche, écuyer.
   — Isaac de la Tourette.
   — Le Borgne du Lac.
De Louan des Granges.
De Montluc de la Lœuf.
Le comte du Peyroux.
   — De Puigiraud.
   — Ragon-Desbarres.
De Rollat, écuyer.
Le comte de Sagonne.
   — De Simiane.
   — Le comte de Thianges.
Le comte de Tracy.
Le comte de Troussebois.

Châtellenie de Billy.

— D'Arfeuille (1).
Godefroy du Bardon du Méage.
Bardonnet des Martels, pour son père.
— Bardonnet de Goudailly.
— Bardonnet de la Toule.
De Berthet de Martillière.
De Boiscouteaux.
— Bouquet de Chazeuil.
Le comte de Chabannes.
De Chabannes.
Du Chambon.
Le comte de Chauvigy de Blot.
De Chauvigny de Blot.
— Deissat des Bravards.
Depont.
— Douay (Douet).
Duprat.
Dupuy.
— De Durfort.
Des Escures fils, écuyer, et pour sa mère.

Le marquis d'Estrades.
Le baron d'Estrées.
Le marquis d'Evry.
— De Finance.
De Fradel.
De Genestoux de Berthelas, et pour son père.
Giraud du Rozat.
Girard de Saint-Gérand.
De Grassin.
De Grassin de Sorbiers, pour son père.
— Le Cymetière de la Bazolle.
— Miramont.
— De Mirepoix.
— Du Peyroux des Escures.
— Rarolle de Reuilly.
Robert des Joberts.
Salté.
Du Sarret (de Sarre).
— Saulnier du Verneix.
Le comte de Troussebois.
De Vicq de Pontgibaud.

Châtellenie de Bourbon-l'Archambault.

Les héritiers de M. de Bordon.
De Brinon.

— De Chambaud.
— Chartron des Mauguins.

---

(1) Yves Morin, comte d'Arfeuille (V. le *Catalogue de la Marche*, p. 12 et 14.) C'est par erreur que le nom de cette famille est écrit *d'Orfeuille* sur le procès-verbal de la Haute-Marche. Il faut lire *d'Arfeuille*.

Coeffier de Moret.
— De Conny de la Faye.
— Deschamps de Pravier.
Hautier.
— Hugon.
De Jersaillon de Bigut.
— Jean de la Trollière de Grozinière.
De Le Borgne.
Le comte de Le Borgne.
De Marcellange.

— De Meschatin.
— D'Orvilliers.
Le comte du Peyroux.
De Pontgibaud.
Roy de la Nizère.
Le comte de Sagonne.
— De Saint-Hilaire de Bouan.
— Le comte de Saint-Hilaire.

Châtellenie de Chantelle.

— De Barthomiviat de la Besse.
— Le comte de Barre.
— De Billy.
Boussigny.
Boutais de Chantenais.
Du Boutet fils cadet, et pour sa mère.
De Chabre.
— De Chalus.
— De Chatelus.
Conny de Toury.
— Descombres (de Combes).
— Dinet de Cesset.
De Donjon.
— Duché-Dufresse.
— Dutour (du Tour).
— Farjonnel de la Forêt.
De Fontanges, écuyer.
Le comte de Givry.
Du Jouhannel.
Hautier.

De Laage.
Lamy de Boiscouteaux.
— Langlois de Romantières.
De Laplain (Lapelin).
— Le marquis de la Rouzière.
Le marquis du Ligondès.
— Messire du Ligondès.
De Longueil.
— De Marcellange.
— Maréchal.
— Racot, ou Rarolle de Reuilly.
— Le marquis de Rochefort d'Ailly.
Roy de la Nizère.
De Rollat, écuyer.
De Rollat de Puiguillon.
— De Salvert de Montrognon.
— Le marquis de Tilly.
— Du Tour de Salvert.

— De Verdal (Loubens Verdalle).

— Le marquis de Veyny.
Vilhardin de Marcellange.

Châtellenie de Chaveroche.

— Le comte de Bertier.
De Chargère.
Le chevalier de Coeffier.
De Gévaudan.
— Benigne du Gon (d'Hugon).

Le comte de Le Borgne.
— De Poix-Fou.
Le comte de Villemontés.
Le comte de Viry.

Châtellenie de Gannat.

— De Bordon des Rigoulettes.
De Chabre.
— De Champflour.
— De Chazerat.
— De Courtoreille de Montclar.
Du Buysson.
D'Estrées fils, écuyer.
De Faure de Chazours, comte de Faure.
— Ferrand.
De Fontanges.
De Gévaudan.
De Grassin, écuyer.
De Jersaillon.
Du Jouhannel, écuyer.
— Pélissier de Féligonde.

Preveraud de Bornat.
— Laporte Mazerier.
De Longueil.
— Mme la comtesse de Lyonne.
— Marien de Mareschal.
Ribauld de la Chapelle.
— Pierre-Augustin, marquis de Rochefort d'Ailly.
Augustin de Veyny de Villemont.
— Dame Gilbert-Louise-Marguerite de Vernoy, veuve de François de Fontanges.
Le marquis de Villemont.

Châtellenie d'Hérisson.

Le chevalier d'Aubery.
De Barre de Rafflye.
De Bisseret.

— Chabenat de Malmaison.
De Chabre

— De Champ-Dumont.
Jacques de Champfeu.
Le baron de Coëffier.
Coëffier de Verfeu.
  — Deschamps.
  — De Dreuille de Grand-
    champ.
Du Buysson de Vieilfont.
Du Château.
Du Peyroux.
  — Duverdier.
Des Escures.
  — Mme Fermée.
Fradel de Souligny.
De Gévaudan.

De la Brière.
  — Le comte de Langeron.
De la Roche.
  — Mme de la Roche
Le comte de Leborgne.
  — Le comte de Le Borgne
    du Lac.
  — Le Breuil d'Issart.
Le Groing de Treignat.
Le Groing de la Trolière.
  — De Lyonne.
  — De Magnac.
  — Le marquis de Maubeu.
  — Le comte de Montbel.
Le vicomte du Prat.

Châtellenie des Basses-Marches.

  — L'abbé de Chavagnac.
De Conny de Toury, pour
  son père.
Du Buysson.
Du Chambon.
Le baron d'Estrées.
  — De Maublanc de Chi-
    zeuil.

  — Micaud de Courbeton.
De Miomandre.
De Précord fils, et pour son
  père.
Preveraud de Laubepierre.
Le comte de Viry.

Châtellenie de Montluçon.

  — D'Aubigny.
  — Audon.
De Bisseret fils, écuyer.
  — Le marquis de Bartillat.
Bodinat de la Motte.
  — Mme de Boisée.
Gilbert de Bressolles, écuyer.
  — Charles de Bressolles.
  — Breton, écuyer.

De Brinon.
Le chevalier du Buysson.
Le chevalier du Buysson de
  Vieilfont.
  — De Châteaubodeau.
De Chaussecourte, écuyer.
  — De Chaussecourte de
    Chalus.
Delaage.

Delaage, écuyer.
— Deschamps de Bisseret.
— Deschamps de la Varenne.
Dubouis, écuyer (des Bouis).
— Dubreuil de la Brosse.
Du Chateau.
Du Peyroux.
Dupeyroux de Goutière.
De Duras.
Fradel, écuyer.
— Garreau de Buffet.
De Laplain, écuyer.
— Lebel du Plot.
Le Groing de Treignat.
Le Groing de la Romagère

fils, et pour son père, écuyer.
Le marquis du Ligondès.
— Le comte du Ligondès.
Le comte du Peyroux de la Buxière.
— Du Peyroux de Beaucaire.
— De Rochedragon.
De Rollat.
— Du Saulzet.
— De Thianges.
Le marquis de Treignat.
— De Vendaigre.
— De Villevoisin.

Châtellenie de Murat.

— Mme la duchesse d'Antin.
— Mme d'Arthonne.
Le comte de Barre.
— Le baron de Bartillat.
De Bisseret.
— Mme de Boirneau.
De Bonnefoy fils, écuyer, et pour son père.
De Bressolles.
Le chevalier du Buysson.
Le chevalier du Buysson de Vieilfont.
De Chauvigny-Blot.
Coeffier du Tilloux.
— De Collasson.
— Henri-François-Nico-

las, vicomte de Courtais.
Donjon, écuyer.
Duchâteau.
De Duras fils, écuyer, et pour sa mère.
Durye fils, écuyer.
— Duverdier.
— Le comte d'Eguilly.
— Farjonnel.
Gaulmin de la Goutte, et pour son père.
— Les héritiers de M. Griffet.
Hugon de Givry, écuyer.
De Jersaillon de Franchaise.
Le marquis de la Roche

— De la Roche de Genat.
— Mme de la Roche de la
Motte.
— De Lyonne.
De Monestay, écuyer.
De Monestay de Chazeron,
et pour son père.
— De Montagnac.

De Rodillon de Chapettes.
Roy de la Brosse.
De Sagonne.
Le comte de Sagonne.
De Saint-Gérand, écuyer.
— Le comte de Thianges.
Le comte de Tracy.
— Le duc d'Uzès.

Châtellenie de Souvigny.

De Boirneau.
— Conny de la Faye.

Vilhardin de Marcellange.

Châtellenie d'Ussel.

Des Écherolles.
Le comte d'Estrées.
Giraud du Rozat.

— Le Lièvre de Fourille
— Revangé de Bompré

Châtellenie de Verneuil.

Le chevalier d'Aubery.
De Bonnefoy, écuyer.
Bonnet des Noix.
Le chevalier du Buysson de
Vieilfont.
De Chauvigny de Blot des
Fontaines.
Des Champs de Châteauneuf.
— De Dreuille.
Du Buysson des Aix.
Des Escherolles, écuyer.
Hugon de Givry.
— Jandon de Saint-Cirgue.

De Jersaillon de Franchaise.
— Le marquis de la
Grange.
Ripoud de la Bresne, écuyer.
Nicolas Ripoud, écuyer, pour
son père.
Roy de la Chaise.
De Saint-Gérand, écuyer.
Semyn, écuyer.
— Le marquis de Tilly.
Le comte des Ulmes de Torcy.
— Vernoy de Champfeu.
Vilhardin de Marcellange

Châtellenie de Vichy.

— Badier de Verseille.
Bardonnet des Martels.
— Beaupoirier.
— Bourbon-Busset.
Du Chambon.
De Charière (Charrier).
Le comte de Chauvigny.
De Chauvigny.
— De Clermont Mont Saint-Jean.
Depont du Fourneau.
— Douay de Vichy.
Le marquis d'Evry
— Le comte d'Evry.

— Garreau de Buffet.
De Gévaudan.
De Laage.
Le marquis de la Palice.
— La Queil (Laqueuille)
— De Malmaison.
Le comte du Prat.
Le vicomte du Prat.
Antoine-Henri Revangé de Bompré, officier au régt d'Armagnac, et pour sa mère.
De Saint-Gérand.

Sont comparus sans être assignés :

Aubery du Goustel.
Le chevalier de Berthet.
De Bisseret.
De Boussigny.
De Boutet.
Le chevalier du Buysson.
Le chevalier de Chaises.
Le chevalier de Cherville, frère du comte de Trousse-bois.
Clerget de Saint-Léger.
Le comte du Cleroir.
Des Champs, colonel de cavalerie.

Donjon.
Le chevalier de Duras.
J. B. P. J. Durye fils.
Faucompré de Godet.
De la Roche, pour François Maurice de Sarre, écuyer.
Lenoir de Mirebeau.
Le comte du Mirat.
Ripoud de la Salle, conseiller au présidial.
Ripoud de la Bresne.
Roy de la Brosse.
De Rollat.

On donna défaut contre :

Le comte d'Apremont.
Aujay de la Dure.
De Ballore.

Anne des Barres, veuve de M. de Roffly.
De Baune.

Le comte de Bavale.
De Bordon.
Le marquis de Bouillé.
La marquise de Bouillé.
Le duc de Bouillon.
Le chevalier de Bouquetier.
Des Boyaux de Loriolle.
Le duc de Broglie.
Caillart.
Les dames Carmélites de Paris.
Catholle du Deffend.
De Chantemerle.
Chateau.
De Courtais.
De Courtais.
Madame Dagneaux.
Delichy (de Lichy).
Delormes.
Demurolle.
Desmagnoux.
Duchambon.
Dumont.
Dupeyroux-Dumont.
De Finance de Clairbois.
De Fontange.
De France.
Bernard de Fretat.
Des Gallois de la Tour.
Gascoing d'Orbec.
Madame Gascoing, veuve Gayet.
Le comte de Gaulmin.
Girard de Busson.
Mme de Gonzat.
De Goué de Bègue.
De Gozinnière.

Le Sgr d'Heuilleaux.
Jacquelot.
Jalloux.
Josse de la Besche.
La Bresne.
De la Boulaye.
De la Coude de la Vaublanche.
De la Galissonnière.
De la Marche.
De la Motte-Changy.
Mme de la Motte-Changy.
Le comte de Lanas.
Mme de Langlard.
De la Rochassière.
Mme de la Souche.
De la Tour.
De Launay.
Le Lièvre d'Artange.
Le Mareschal des Montaux.
De Lenax.
De Lignerac.
La marquise de Lostanges.
De Louan de Courçais.
Magnard.
Milange de Meillat.
La comtesse de Miramont.
De Montagnac.
De Montagut de Beaune.
Le duc d'Orléans.
Papon de Baurepaire.
Perthon de la Cour.
Perthon de Maleray.
De Pouligny.
Préveraud de la Boutresse.
Ragon.
De Renodière.

Robin de Belair.
De Rollat.
De Rollines du Sel.
De Rollines de la Motte.
Rousseau.
De Sainsbut.
De Saint-Georges.
Le comte de Saint-Paul.
De Saint-Romain.
De Salvert de Charmes.
Simon de Lessart.
Simon de Quirielle.

De Sinety.
Le vicomte de Talaru.
Trochereau.
Trochereau de la Grange.
Les héritiers du marquis d'Ussel.
Mme de Vandaigre.
Vernoy de Montjournal.
Vernin d'Aigrepont.
La marquise de Vichy.
De Villaines.
De Wilmain (Villemin).

LISTE DES DÉPUTÉS DES TROIS ORDRES

AUX ÉTATS GÉNÉRAUX DE 1789.

MOULINS.

Pierre Tridon, curé de la paroisse de Rongères.

Jean Aury, curé de la paroisse d'Hérisson.

François-Xavier Laurent, curé d'Heuillaux.

Denis-Michel-Philibert du Buysson, comte de Douzon, Sgr de Montaigu et Poncenat, brigadier des armées du Roi, chevalier de Saint-Louis.

Antoine-Louis-Claude Destutt, comte de Tracy, Sgr de Paray-le-Frézy, colonel du régt de Penthièvre-infanterie, chevalier de Saint-Louis.

Henri Coëffier, baron de Breuille, ancien lieutenant des vaisseaux du Roi, chevalier de Saint-Louis.

Jean-Frédéric de Chabannes, marquis de la Palice, colonel attaché au régt des chasseurs de Normandie, chevalier de Cincinnatus, suppléant.

Gilbert Michelon, procureur du Roi au siége de Murat.

Jean-Gilbert Berthonnier de la Villette, procureur du Roi à Bruyères.

François Lomet, avocat en parlement à Moulins.
Jean-Joseph Goyard, sieur Duberjoux, avocat en parlement.
Pierre-Joseph Vernin, conseiller du Roi, assesseur civil et
  lieutenant particulier en la sénéchaussée du Bourbonnois.
Léon-Henri-Eléonore Lebrun, sieur de la Motte et de Belle-
  court.
Gaspard Raignard, procureur du Roi à Montluçon, suppléant.
Jean-Baptiste Lucas, procureur du Roi au grenier à sel de
  Gannat, suppléant.
Gilbert Bruet de la Motte, avocat au parlement, suppléant.

GOUVERNEMENT MILITAIRE.

Le comte de Peyre, gouverneur général.
Le baron de Besenval, commandant en chef.
Le comte de Bercheny, commandant en second.

Lieutenants du Roi :

Le comte de Viry.   Le baron de Semur.

Lieutenants des maréchaux de France :

Moulins..... Le vicomte de Villemontée.
Montluçon. Le marquis Duligondès, *aliàs* du Ligondais.
             Le comte de Montais.
Aigueperse. Le comte de Sarrazin-Laval, chevalier de Saint-
             Louis.

GÉNÉRALITÉ DE MOULINS.

PAYS D'ÉLECTION.

1788. Foulon de Doué, Sgr du marquisat de la Tournelle,
  maître de requêtes, intendant.

BUREAU DES FINANCES.

1728. Vernoy de Montjournal.
1754. Vernin d'Aigrepont.
1755. Gory de Chaux.
1759. Baucheron.
1761. Hastier de la Jolivette.
Robin de Belair.
1764. De Bonnefoy.
1766. Gascoing de Villecourt.
1767. Gareau Duplanchat.
Rousseau de Sainte-Placide.
Jacquet.

1771. Cornu de Villers.
1775. Lault.
1776. Deschanges de Fonteny.
1777. Simon de Lessart
1779. Alarose de Beauregard.
Perrotin de Chevagne.
Simon de Quirielle.
1780. Vaillant.
1783. Nogueris.
1784. De Lavergne.
Faure.
1786. Aladane de Paraize.

Gens du Roi :

1767. Perthon, avocat du Roi du Domaine.
1772. Mars, procureur du Roi du Domaine.
1767. Garreau Duplanchat fils, avocat du Roi des finances.
1768. De la Brosse, procureur du Roi des finances.

Greffiers en chef :

1770. Heuillard, ancien.
1774. Boucaumont, triennal.
1780. Battelier, alternatif.

SÉNÉCHAL-PRÉSIDIAL DE MOULINS.

Le comte de Peyre, grand sénéchal du Bourbonnois.
Grimauld, lieutenant-général.
Desbouis de Salbrune, lieutenant particulier.

Vernin père, lieutenant-général de police.
Vernin fils, lieutenant criminel et assesseur civil.

<table>
<tr><td>Préveraud de Ractière, doyen,</td><td>Dominique de la Gauguière.</td></tr>
<tr><td>Imbert de Balorre.</td><td>Perrotin de Chevagne.</td></tr>
<tr><td>Bardonnet de Goudailly.</td><td>Berger de Ressye, clerc.</td></tr>
<tr><td>Heuillard de Certilly.</td><td>Barruel, fils.</td></tr>
<tr><td>Chabot.</td><td>Heuillard Fabrice.</td></tr>
<tr><td>Ripoud de la Salle.</td><td>Barruel père, honoraire.</td></tr>
</table>

Gens du Roi :

Buteaux-Dupoux, avocat du Roi.
Conny de la Faye, procureur du Roi.
Barbara, avocat du Roi.

ARMORIAL
DU BOURBONNAIS

SIRES DE BOURBON.

 IEN que les premiers sires de Bourbon n'aient jamais eu d'armoiries, nous croyons devoir donner leur suite d'après le tableau généalogique publié dans les pièces justificatives de l'*Histoire des comtes de Forez de La Mure* (édition donnée par M. de Chantelauze, t. III, pièces supplémentaires, p. 26).

Cette généalogie, dressée par M. André Steyert, à l'aide des manuscrits du P. André, nous paraît la plus complète et la plus exacte qui ait paru jusqu'à présent. Indépendamment de diverses erreurs qu'elle rectifie, elle énumère deux sires de Bourbon de plus, dont l'un, Archambaud VI n'est pas compté par les généalogistes comme sire de Bourbon, et dont l'autre, Archambaud IX, n'était pas connu.

Nous nous abstiendrons de mentionner les enfants des sires de Bourbon, nous contentant de nommer les seigneurs et leurs femmes, et renvoyant, pour les détails, au tableau généalogique indiqué ci-dessus.

1

ADHEMAR ou AIMARD (923), marié à ERMENGARDE.

AIMON Ier (945-953), fils aîné du précédent, marié à ALDESINDE.

ARCHAMBAUD Ier LE FRANC (959-999), second fils du précédent, marié à Rotilde.

ARCHAMBAUD II LE VERD (1018), fils unique du précédent, époux d'ERMENGARDE.

ARCHAMBAUD III DU MONTET (1061), fils aîné du précédent, marié à BÉLÉTRUDE puis à AURÉE.

ARCHAMBAUD IV LE FORT (1077), fils aîné du précédent, marié à BELIARDE.

ARCHAMBAUD V LE PIEUX (. . .), fils aîné du précédent, marié à LUCE, dont un seul fils.

ARCHAMBAUD VI LE PUPILLE (1126), mort sans alliance.

AIMON II VAIRE-VACHE, troisième fils d'Archambaud IV (. . .), marié à ALDESINDE (?) DE TONNERRE.

ARCHAMBAUD VII LE FORT (1071-1072), fils d'Aimon II, marié à AGNÈS DE SAVOIE.

ARCHAMBAUD VIII LE JEUNE (. . .), fils unique du précédent, marié à ALIX DE BOURGOGNE.

ARCHAMBAUD IX, né en 1140, mort sans postérité en 1169.

MAHAUT, sœur du précédent, mariée à GAUCHER DE VIENNE, sire de Salins, de la maison des

comtes de Bourgogne, puis, en 1196, à GUY DE
DAMPIERRE (1).

ARCHAMBAUD X, fils aîné du second
mariage de Mahaut, mort en 1238. Il avait épousé
BÉATRIX DE MONTLUÇON (2).

ARMES : *D'or, au lion de gueules, à l'orle de huit coquilles
d'azur* (3). — Pl. I.

Histoire des grands officiers de la Couronne.

Le sceau d'Archambaud X est le plus ancien que nous connaissions des sires de Bourbon ; il a été publié dans l'ouvrage
de M. Douët d'Arcq et dans l'*Histoire des comtes de Forez de
La Mure*. En voici la description : Sceau équestre, le bouclier
aux armes. Légende en lettres capitales gothiques, il n'en
reste que... IGILLVM ARCHENB.. au contre-sceau en forme
d'écu, un écusson ogival au lion et aux coquilles, avec cette
légende : ✝ SECRETV̄ ARCHENBAUDI.

Le monument le plus important où ces armes se trouvent
figurées, est l'écu d'un personnage de la famille des sires de
Bourbon, dont la statue tombale se voit encore dans l'église de
l'ancienne abbaye de Bellaigue, près de Montaigu-en-Com-

(1) Les sires de Bourbon issus de Guy de Dampierre quittèrent le nom et
le blason de leur famille paternelle, pour prendre ceux de la maison de
Bourbon.

(2) La femme d'Archambaud IX est nommée Béatrix de Montluçon dans
l'*Histoire des grands officiers de la Couronne* et dans l'*Art de vérifier les
dates* ; il est certain qu'elle appartenait à une branche de la maison de Bourbon, mais elle n'apporta point en dot à son mari la seigneurie de Montluçon,
comme cela est rapporté dans tous les ouvrages qui ont traité de l'histoire des
sires de Bourbon ; M. Chazaud, ancien archiviste de l'Allier, avait bien voulu
nous signaler une charte, conservée aux archives de l'Empire, qui prouve que
la seigneurie de Montluçon fut donnée, avec ses dépendances, en 1202, à Guy
de Dampierre, par Philippe-Auguste.

(3) Le nombre des coquilles qui figurent dans l'écu de la première maison de
Bourbon n'a jamais été bien fixé.

braille. Cette statue offre la représentation d'un chevalier en costume militaire du XIIIᵉ siècle, portant un bouclier de grande dimension, chargé d'un lion, de onze coquilles en orle, et peut-être d'une bordure. Il ne nous a pas été possible de découvrir le nom de ce personnage, qui appartenait certainement à l'une des branches cadettes de la première maison de Bourbon, dont l'histoire n'est point connue, et dont nous ne parlerons point.

L'abbaye de Bellaigue, de l'ordre de Cîteaux, avait été fondée, en 1136 ou 1137, grâce aux libéralités des sires de Bourbon et des sires de Montaigu (*Gallia Christiana*).

ARCHAMBAUD XI, fils aîné du précédent, épousa YOLANDE DE CHATILLON (DE GUEULES, A TROIS PALS DE VAIR, AU CHEF D'OR), qui fut héritière, après Gaucher de Châtillon son frère, mort sans enfants, par Guy comte de Saint-Paul, son père, des seigneuries de Montjay, de Thorigny et de Broigny, et par Agnès de Donzy, sa mère, des comtés de Nevers, d'Auxerre et de Tonnerre, ainsi que de la baronnie de Donzy et de la seigneurie de Saint-Agnan.

Armoiries semblables.

Le sceau équestre d'Archambaud XI, publié dans le Catalogue des sceaux des archives nationales et dans l'*Histoire des comtes de Forez de La Mure*, est d'un style beaucoup plus moderne que celui de son prédécesseur : La housse du cheval est armoriée du lion et des coquilles, l'écu est aux mêmes armes, et dans le champ, à dextre, figure une pierre gravée. Le contre-sceau est fort bizarre : On y remarque une bannière, chargée de cinq mains disposées en sautoir, avec cette légende : SECRETVM ARCH. DE BORBON.

MAHAUT, fille aînée du précédent (1249-1262), épousa EUDES DE BOURGOGNE (BANDÉ D'OR ET D'AZUR, A LA BORDURE ENGRELÉE DE GUEULES), dont elle eut quatre filles, dont aucune n'hérita de la sirerie de Bourbon.

Armoiries semblables.

AGNÈS, sœur de Mahaut, (1262-1283) succéda à sa sœur; elle fut mariée deux fois: 1° à JEAN DE BOURGOGNE, seigneur de Charollais, mort en 1268 (BANDÉ D'OR ET D'AZUR, A LA BORDURE ENGRELÉE DE GUEULES); 2° à ROBERT II, COMTE D'ARTOIS (SEMÉ DE FRANCE, AU LAMBEL DE QUATRE PENDANTS DE GUEULES, CHAQUE PENDANT CHARGÉ DE TROIS CHATEAUX D'OR).

Armoiries semblables.

Le sceau d'Agnès a été publié dans l'*Histoire des comtes de Forez de La Mure*, d'après un dessin des manuscrits du P. André, qui n'a peut-être pas été exécuté d'une manière très exacte. Le sceau, qui devait être elliptique, est ovale et offre la représentation d'une dame, en costume du XIIIᵉ siècle, tenant un faucon sur le poingt gauche, accostée, à dextre, d'une coquille et à senestre d'un animal qui doit être le lion de Bourbon ; la légende est : SIGIL : AGNETIS DN̄E : BOR-BONI.

BÉATRIX, fille de Jean de Bourgogne et d'Agnès de Bourbon, porta la sirerie de Bourbon dans la maison de France par son mariage avec

ROBERT DE FRANCE (D'AZUR, SEMÉ DE FLEURS DE
LYS D'OR, AU BATON DE GUEULES EN BANDE BRO-
CHANT SUR LE TOUT), comte de Clermont en Beau-
voisis, sixième fils de saint Louis, qu'elle épousa
en 1272 (1283-1310).

Armoiries semblables.

L'Histoire des grands officiers de la Couronne donne à
Béatrix, héritière de la sirerie de Bourbon, un écu écartelé de
Bourgogne et de Bourbon ; nous croyons que c'est une erreur,
et que cette princesse ne porta jamais que les armes de sa mère.
Elle est figurée dans l'Armorial de Guillaume Revel, que nous
aurons occasion de citer très-souvent dans le cours de cet
ouvrage, vêtue d'une robe rouge et or garnie d'hermine, dont
la partie inférieure offre son blason : parti d'azur, semé de
fleurs de lys d'or, au bâton de gueules brochant sur le tout; et
d'or, au lion de gueules, à l'orle de huit coquilles d'azur. Cette
figure a été reproduite dans l'*Ancien Bourbonnais*, mais on a
omis les coquilles du blason de Bourbon-ancien qu'on voit sur
le dessin original. A côté de Béatrix, est représenté le comte de
Clermont, son époux ; ce prince est vêtu d'une longue robe
d'azur, semée de fleurs de lys d'or, au bâton de gueules brochant, bordée d'un riche galon orné de pierreries, et garnie
d'une fourrure brune ; sa tête est couverte d'un chapeau de
gueules rebrassé d'hermine.

Le sceau équestre de Robert de France, offrant sur la housse
du cheval et sur l'écu le semé de fleurs de lys, au bâton brochant sur le tout, a été publié dans l'*Histoire des comtes de
Forez de La Mure*, t. II, p. 14.

On doit rattacher à la première maison de Bourbon :

1. Les BOURBON-MONTLUÇON, dont l'origine est incertaine et
qui se sont fondus, au XIIIe siècle, dans les sires de Bourbon,
par le mariage d'Archambaud X (voir du Bouchet, Blondel, etc.)

2. Les BOURBON-LANCY, qui remontent à Anséric, fils

d'Aimon Iᵉʳ et dont on suit la trace jusqu'au XIVᵉ siècle, époque
où Bourbon-Lancy appartint aux Châteauvillain.

C'est de cette branche que paraissent être descendus les
Bourbon-Montperroux qui existaient encore à la fin du
XVᵉ siècle; les Bourbon-Vitry, éteints au XVᵉ; les Bourbon-
Classy; les Bourbon-Bessay, éteints au commencement du
XIVᵉ siècle, et dont le premier était un Guillaume, fils d'Ar-
chambaud X.

Ces diverses branches avaient conservé l'écu au lion et à
l'orle de coquilles. (Voir la description de quelques-uns de
leurs sceaux dans l'ouvrage de M. Douët d'Arcq et dans la
collection Clérembault; voir aussi les *fiefs du comté de Forez*,
p. 178).

DUCS DE BOURBON

OUIS Ier, dit LE GRAND et LE BOITEUX, fils aîné de Robert de France et de Béatrix de Bourbon, fut sire de Bourbon du chef de sa mère, en 1310; comte de Clermont, après son père, en 1318; comte de La Marche et de Castres, seigneur d'Issoudun, de Saint-Pierre-le-Moustier et de Montferrand; pair et grand-chambrier de France. Ce fut en sa faveur que le roi Charles-le-Bel érigea la baronnie de Bourbon en duché-pairie, par lettres données à Paris le 27 décembre 1327 (1310-1341).

Femme : MARIE, fille de Jean d'Avesne, comte de Hainaut. (ECARTELÉ : AUX 1 ET 4 D'OR, AU LION DE SABLE, ARMÉ ET LAMPASSÉ DE GUEULES, qui est de Flandre ; ET AUX 2 ET 3 D'OR, AU LION DE GUEULES, ARMÉ ET LAMPASSÉ D'AZUR, qui est de Hollande).

D'azur, semé de fleurs de lys d'or, au bâton de gueules en bande brochant sur le tout. — Pl. I.

Histoire des grands officiers de la Couronne.

Louis Ier de Bourbon et sa femme sont représentés dans l'Armorial de Guillaume Revel, p. 19, le duc a un vêtement de dessous rouge, et un grand manteau à ses armes, bordé et doublé d'hermine ; son col est orné d'un large galon d'or semé de pierreries, et un bandeau pareil entoure sa tête. La duchesse est vêtue d'une robe de dessous rouge et d'une robe de dessus dont la jupe armoriée est partie de Bourbon et de Hainaut ; tout le corsage est d'hermine ainsi que la doublure des longues manches pendantes et la bordure de la jupe ; la duchesse porte une couronne surmontée de trèfles de perles roses, posée sur une aumusse garnie d'or et de pierreries.

Le duc Louis Ier employait en 1325, dit M. de Wailly dans ses *Eléments de Paléographie*, t. II, p. 152, un sceau équestre dont le champ est losangé ; son bouclier, le caparaçon du cheval et le champ du contre-sceau sont semés de France et brisés d'un bâton en bande ; le bâton est placé en barre sur le caparaçon du cheval ; il tient une lance dans la main droite ; on lit autour : LUDOUICUS COMES CL......TIS *(Claromontis)* DOMINUS BORBOVNENSIS.

Ce sceau et tous ceux des ducs et des duchesses de Bourbon ont été publiés dans l'*Histoire des comtes de Forez de La Mure*, t. II.

Parmi les enfants puînés de Louis Ier, nous citerons : JACQUES DE BOURBON, tige des comtes de La Marche, desquels sont issus les rois de France et de Navarre, les rois d'Espagne et de Naples, et les ducs de Lucques et de Parme ; et GUY, bâtard de Bourbon, seigneur de Cluys et de La Ferté-Chauderon (1).

---

(1) Voir le chapitre suivant dans lequel nous donnerons les armoiries de toutes les branches de la maison de Bourbon. Nous ne mentionnerons les bâtards de nos ducs que lorsqu'ils auront formé une branche.

PIERRE Ier, duc de Bourbon; comte de Clermont; pair et grand-chambrier de France, etc., fils aîné du précédent (1342-1356).

Femme : ISABELLE DE VALOIS, fille de Charles de France, comte de Valois, et de sa troisième femme Mahaut de Châtillon, sœur consanguine du roi Philippe de Valois. (D'AZUR, SEMÉ DE FLEURS DE LYS D'OR, A LA BORDURE DE GUEULES).

Armoiries semblables.

Le duc Pierre Ier est représenté dans l'Armorial de Guillaume Revel (p. 21), vêtu d'une robe rouge et d'un manteau à ses armes doublé et bordé d'hermine, avec une sorte de camail aussi doublé d'hermine; sa tête est ceinte d'un bandeau d'or semé de pierreries. La duchesse, figurée près de lui, porte une robe de dessous rouge et une autre robe fort large armoriée; la couronne à fleurons garnis de perles, est posée sur une aumusse à bourrelet.

Le sceau équestre de Pierre Ier est du même type que celui de son père; sur l'un des petits sceaux, l'écu de Bourbon est tenu là par deux sirènes, et sur l'autre, par deux vieillards barbus coiffés de bonnets pointus.

LOUIS II, duc de Bourbon; comte de Clermont, de Forez et de Château-Chinon; seigneur de Beaujeu et de Dombes; pair et grand-chambrier de France, etc., fils aîné de Pierre Ier et d'Isabelle de Valois (1356-1410).

Femme : ANNE, dauphine d'Auvergne, comtesse de Forez, dame de Mercœur, fille unique et héritière de Beraud II, comte de Clermont, dauphin d'Auvergne, et de Jeanne de Forez (ÉCARTELÉ : AUX 1 ET 4 D'OR, AU DAUPHIN D'AZUR, qui est des dauphins d'Auvergne ; ET AUX 2 ET 3 DE GUEULES, AU DAUPHIN D'OR, qui est de Forez).

Armoiries semblables.

Le duc Louis II est figuré à la page 23 de l'Armorial de Revel, vêtu d'une robe fourrée à ses armes, bordée d'un galon d'or orné de pierreries ; il est couronné d'un bandeau semblable à celui des ducs dont nous avons parlé. La duchesse est représentée à côté de son époux, sa robe serrée est armoriée dans la partie inférieure ; sa couronne à fleurons est lourde et peu gracieuse. Les statues en marbre de ces deux princes, malheureusement fort mutilées, se voient encore dans l'église de Souvigny, sur leur tombeau, dont le sarcophage était orné d'écussons aux armes de Bourbon et de jarretières portant la devise *Espérance*, qui fut celle d'un ordre, institué par Louis II, en 1367. Louis II est représenté sur son sceau, décrit par M. de Wailly (1), debout, la tête nue, tenant une épée dans la main droite, la main gauche appuyée sur la hanche, vêtu d'une tunique à ses armes, dont les manches relevées au-dessus des coudes laissent apercevoir son armure ; à sa droite est son bouclier semé de France au bâton en bande, attaché à un pilier qui supporte aussi un casque orné de la couronne ducale, et dont le cimier est formé par un bouquet de plumes de paon. On lit autour : S. LUDOVICI DUCIS BORBONEN. COITIS. CLAROMONTEN. ET. FOREN. PARIS. ET. CAMERARII FRACIE. Le champ du contre-sceau est aux mêmes armoiries ; en voici la légende : ☩ CONTRASIGILLUM MAGNI SIGILLI NOSTRI. Ce sceau est appendu à une charte de 1394, conservée aux archives de l'Empire.

Le duc Louis II fit aussi usage d'un sceau équestre, analogue à ceux de son père et de son aïeul, et de petits sceaux dont les supports de l'écu étaient des griffons, des lions et des sauvages

(1) *Éléments de Paléographie*, t. II, p. 153.

montés sur des cerfs ou des dauphins. (Voir aussi la description des jetons aux armes de Bourbon dans notre *Essai sur la numismatique bourbonnaise.*

Les armes de Louis II et de sa femme se voient sur les chapiteaux de la première travée de l'église Notre-Dame de Montbrison, qui fut achevée par eux.

JEAN Ier, duc de Bourbon et d'Auvergne ; comte de Clermont, de Montpensier et de Forez ; seigneur de Beaujeu, de Dombes et de Combraille ; pair et grand-chambrier de France, etc., fils unique de Louis II et d'Anne Dauphine d'Auvergne (1410-1434).

Femme : MARIE DE BERRY, seconde fille de Jean de France, duc de Berry, et de Jeanne d'Armagnac, sa première femme, elle apporta en dot le duché d'Auvergne et le comté de Montpensier. (D'AZUR, SEMÉ DE FLEURS DE LYS D'OR, A LA BORDURE ENGRELÉE DE GUEULES).

Armoiries semblables.

Histoire des grands officiers de la Couronne.

Jean Ier est, suivant l'*Histoire des grands officiers de la Couronne*, le premier duc de Bourbon qui ait réduit à trois le nombre des fleurs de lys de son écusson, à l'imitation du roi Charles VI. Nous n'avons point à discuter ici l'époque à laquelle s'opéra ce changement dans l'écu royal qui offre quelquefois les trois fleurs de lys seules sous Charles V, et même antérieurement (1) ; disons seulement que, sous Jean Ier, l'écu

---

(1) Les Bénédictins parlent d'une charte de 1287 à laquelle est appendu un sceau de Philippe-le-Bel, sur lequel on ne voit que trois fleurs de lys. M. de Wailly donne, dans ses *Eléments de Paléographie,* un sceau de Charles V, qui ne porte également que trois de ces emblèmes.

officiel de Bourbon était encore le semé de fleurs de lys, puisque les fleurs de lys semées figurent sur le sceau équestre de ce prince ; son petit sceau, portait le même écu, supporté par deux dauphins. Ce fut vers le milieu du XVe siècle, que l'écu des ducs de Bourbon parut modifié, comme on peut le voir à Souvigny, dans la chapelle neuve. Cet écu de Bourbon se retrouve dans un très grand nombre de monuments qu'il serait trop long de citer ici ; nous ne signalerons que les plus remarquables.

Jean Ier est le dernier duc dont l'Armorial de Revel donne la figure ; ce prince y est représenté vêtu d'une sorte de tunique à ses armes, richement bordée d'or et de pierreries, dont les manches dentelées sont ouvertes et tombent fort bas ; son chapel, relevé par devant, est rebrassé de fourrure ; ses chausses sont rouges. La duchesse porte une longue robe à corsage d'hermine et à jupe armoriée ; son vêtement de dessus a des manches tombantes ; sa couronne, posée sur une aumusse fort riche, est formée de hauts fleurons évidés, ornés de pierreries.

Parmi les fils puînés du duc Jean Ier, nous signalerons Louis de Bourbon, comte de Montpensier, qui fut la tige de la première branche de Bourbon-Montpensier.

CHARLES Ier, duc de Bourbon et d'Auvergne ; comte de Clermont, de Forez et de l'Isle-Jourdain ; seigneur de Beaujolais, de Dombes et de Combraille ; pair et grand-chambrier de France, etc., fils aîné de Jean Ier et de Marie de Berry (1434-1456).

Femme : Agnès de Bourgogne, fille de Jean, duc de Bourgogne et de Marguerite de Bavière. (Écartelé : aux 1 et 4 semé de France, a la bordure componée d'argent et de gueules, qui est de Bourgogne-moderne ; aux 2 et 3 bandé d'or et d'azur, a la bordure de gueules, qui est de

Bourgogne-ancien, ET SUR LE TOUT, D'OR, AU LION
DE SABLE, ARMÉ ET LAMPASSÉ DE GUEULES, qui est
de Flandre.)

*D'azur, à trois fleurs de lys d'or, au bâton de gueules en
bande brochant sur le tout.* — Pl. I.

Ce prince est le premier duc de Bourbon qui ait porté les
trois fleurs de lys. Son sceau équestre était au même type que
ceux de ses prédécesseurs et sur les petits sceaux, l'écu est tenu
par deux femmes, et entouré de pots à feu.

Les statues de Charles Ier et d'Agnès de Bourgogne se voient
sur leur tombeau dans la chapelle *neuve* de l'église de Souvigny ; cette chapelle fut élevée par ces princes, on y retrouve
partout les pots enflammés qui furent l'un des emblèmes du
duc Charles.

Charles Ier eut beaucoup d'enfants parmi lesquels nous citerons : JEAN et PIERRE qui possédèrent successivement le duché
de Bourbonnais ; CHARLES, cardinal-archevêque de Lyon, qui
prit le titre de duc de Bourbon, après la mort de son frère aîné,
mais qui se contenta ensuite du Beaujolais et d'une rente ;
LOUIS, évêque de Liège, qui eut, de Catherine d'Egmont,
duchesse de Gueldre, trois fils, dont l'un fut la tige de la
branche de Bourbon-Busset, rapportée plus loin ; et enfin un
fils naturel, LOUIS, comte de Roussillon, dont nous parlerons.

JEAN II, dit LE BON, duc de Bourbon et d'Auvergne ; comte de Clermont, de Forez, de l'Isle-en-
Jourdain, de Villars ; seigneur de Beaujeu et de
Roussillon ; pair, connétable et grand-chambrier
de France, etc., fils aîné de Charles Ier et d'Agnès
de Bourgogne, se maria trois fois, et mourut sans
enfants légitimes (1456-1488).

1re Femme : JEANNE DE FRANCE, fille du roi Charles VII, mariée en 1447. (D'AZUR, A TROIS FLEURS DE LYS D'OR).

2e Femme : CATHERINE D'ARMAGNAC, fille de Jacques d'Armagnac, duc de Nemours, et de Louise d'Anjou, mariée en 1484. (ÉCARTELÉ : AUX 1 ET 4 D'ARGENT, AU LION DE GUEULES ; ET AUX 2 ET 3 DE GUEULES, AU LÉOPARD LIONNÉ D'OR.)

3° Femme : JEANNE DE BOURBON, fille aînée de Jean II, comte de Vendôme, et d'Isabelle de Beauveau, mariée en 1487. (D'AZUR, A TROIS FLEURS DE LYS D'OR, AU BATON DE GUEULES EN BANDE, CHARGÉ DE TROIS LIONCEAUX D'ARGENT, BROCHANT SUR LE TOUT.)

Armoiries semblables.

Le sceau équestre de ce prince était analogue à ceux des deux précédents ; au contre-sceau l'écu est entouré de ceintures avec la devise : ESPÉRANCE. Les supports des armes des petits sceaux sont des chiens.

Le duc Jean battit monnaie comme prince de Dombes ; les produits de ce monnayage ont été publiés par M. Mantellier (1). Parmi ces pièces nous avons remarqué deux magnifiques médailles sur lesquelles le duc Jean est représenté debout, la tête couverte d'un chapeau rebrassé de fourrure, portant le manteau ducal et le collier de l'Ordre de Saint-Michel, tenant son épée nue dans la main droite ; le champ est semé de fleurs de lys à un bâton en bande brochant sur le tout ; le revers offre un écu aux armes de Bourbon, au milieu de quatre pots de feu et de quatre fleurs de lys.

(1) *Notice sur la monnaie de Trévoux et de Dombes*, p. 20 et suiv.

Le duc Jean II laissa deux enfants naturels : MATHIEU, sur-
nommé le grand bâtard de Bourbon dont nous allons donner
les armoiries bien qu'il n'ait point laissé de postérité. L'*Histoire des grands officiers de la Couronne* rapporte que son
sceau offrait une bande semée de fleurs de lys, brisée d'une
cotice en bande ; il devait donc porter : *d'argent, à une bande
d'azur, semée de fleurs de lys d'or, et une cotice de gueules en
bande, brochant sur le tout ;* et CHARLES, tige des vicomtes de
Lavedan, marquis de Malause, dont nous parlerons plus loin.

PIERRE II, duc de Bourbon et d'Auvergne ;
comte de Clermont, de Forez, de La Marche et
de Gien ; vicomte de Carlat et de Murat ; seigneur
de Beaujolais et de Bourbon-Lancy ; pair et
grand-chambrier de France, etc., troisième fils de
Charles Ier et d'Agnès de Bourgogne, portait le
titre de sire de Beaujeu du vivant de son frère aîné
auquel il succéda, malgré les prétentions de son
frère le cardinal (1488-1505).

Femme : ANNE DE FRANCE, fille du roi Louis XI
et de Charlotte de Savoie. (D'AZUR, A TROIS FLEURS
DE LYS D'OR).

Armoiries semblables.

Nous ne connaissons de ce prince qu'un sceau comme duc
de Bourbon, il est de moyenne grandeur et au même type que
le petit du duc Jean II.

Le duc Pierre II, la duchesse sa femme et leur fille Suzanne,
qui fut la seule héritière des vastes domaines de la maison de
Bourbon, sont représentés sur un magnifique tryptique qui se
voit dans l'église cathédrale de Moulins ; les vitraux de cette
même église offrent aussi les figures de ces princes et de plusieurs autres personnages de leur famille.

Des monnaies de Dombes et des jetons fort élégants portent
les armes du duc Pierre II et celles de sa femme ; nous avons
décrit ces jetons dans notre *Essai sur la numismatique bourbonnaise.*

CHARLES II, duc de Bourbon, d'Auvergne et
de Châtellerault ; comte de Clermont, de Montpensier, de Forez, de La Marche, de Gien et de
Clermont en Auvergne ; dauphin d'Auvergne ;
vicomte de Carlat et de Murat ; seigneur de Beaujolais, de Combraille, de Mercœur, d'Annonay, de
La Roche-en-Régnier et de Bourbon-Lancy ; pair,
grand-chambrier, et connétable de France (le
fameux connétable de Bourbon), fils de Gilbert de
Bourbon, comte de Montpensier et dauphin d'Auvergne, et de Claire de Gonzague, devint duc de
Bourbon par son mariage avec Suzanne, fille unique
de Pierre II, en 1505. L'histoire du connétable de
Bourbon est trop connue, pour qu'il soit nécessaire
de la rapporter ici. Il fut le dernier duc de Bourbon,
bien que Louise de Savoie, mère de François Ier,
ait fait valoir ses droits à la succession de la
duchesse Suzanne, du chef de sa mère, Marguerite
de Bourbon, tante paternelle de cette princesse, et
ait quelquefois pris le titre de duchesse de Bourbon,
notamment sur un beau jeton que nous avons
trouvé au cabinet impérial, dont voici la description : † LVDOVICA. R. MA. DVCISSA. BORBONNEN. filet
au pourtour ; lettres capitales. Dans le champ, un
écu ogival parti : AU I DE FRANCE, AU LAMBEL DE

TROIS PENDANTS D'ARGENT, qui est d'Orléans; ET AU 2 ÉCARTELÉ : AUX 1 ET 4 DE BOURBON, ET AUX 2 ET 3 DE GUEULES, A LA CROIX D'ARGENT, qui est de Savoie. L'écu timbré d'une couronne ducale, et entouré d'une cordelière. ℞. † PENNAS. DEDISTI. VOLABO. REQVIESCAM entre filets; lettres capitales. Dans le champ, un L couronné au milieu d'un vol. (1505-1527).

Un arrêt du Parlement, du mois de juillet 1527, réunit au Domaine le duché de Bourbon qui fut depuis cédé par Louis XIV, le 26 février 1651, à Louis II, prince de Condé, en échange du duché d'Albret et d'autres domaines.

Femme : SUZANNE DE BOURBON, fille de Pierre II, duc de Bourbon et d'Anne de France. (D'AZUR, A TROIS FLEURS DE LYS D'OR, AU BATON DE GUEULES EN BANDE BROCHANT SUR LE TOUT).

Armoiries semblables à celles de son beau-père.

Le connétable de Bourbon, issu de la branche de Bourbon-Montpensier, dont nous donnerons plus loin le blason, prit les armes pleines de Bourbon, lors de l'extinction de la branche aînée de la famille, à la mort du duc Pierre, son beau-père, comme on peut le voir sur son sceau équestre, dont nous avons eu la bonne fortune de découvrir les deux seuls exemplaires connus aux archives départementales du Doubs et que nous avons publié.

Les archives nationales ne possèdent de ce prince qu'un sceau moyen portant l'écu de Bourbon couronné.

BRANCHES

MAISON DE BOURBON

 ous suivrons, dans cette énumération des branches de la maison de Bourbon, l'ordre adopté par l'*Histoire des grands officiers de la Couronne ;* toutefois nous placerons les branches royales et les rameaux qu'elles ont formés, après celles de La Marche et de Vendôme, desquelles elles sont issues, et qui les rattachent aux ducs de Bourbon.

COMTES DE LA MARCHE, comtes de Ponthieu, de Vendôme et de Castres ; seigneurs de Montaigu-en-Combraille, de Condé, de Carency, de Leuse, de l'Escluse, de Combresle, de Lezignen, d'Epernon, issus de JACQUES DE BOURBON, premier du nom, comte de La Marche et de Ponthieu, connétable de France, troisième fils de Louis Ier, duc de Bourbon, et de Marie de Hainaut.

Cette branche de la maison de Bourbon, de laquelle sont issues les branches des seigneurs de Préaux, des comtes puis ducs de Vendôme et des seigneurs de Carency, que nous allons passer en revue, joua un très grand rôle pendant la plus grande partie du XIVe siècle et la première moitié du XVe. Jacques II de Bourbon, dernier comte de La Marche de sa famille, marié en secondes noces à la reine Jeanne II de Naples, sœur et unique héritière du roi Ladislas, prit la qualité de roi de Sicile ; mais il revint bientôt en France, où il mourut en 1438, ne laissant qu'une fille, Eléonore de Bourbon, qui porta le comté de La Marche dans la maison d'Armagnac, par son mariage avec Bernard d'Armagnac, comte de Pardiac.

D'azur, à trois fleurs de lys d'or, au bâton de gueules en bande, chargé de trois lionceaux d'argent, brochant sur le tout. — Pl. II.

Histoire des grands officiers de la Couronne. — Art de vérifier les dates (1).

COMTES puis DUCS DE VENDOME,

comtes de Chartres, de Saint-Paul, de Conversan, de Marle, de Soissons, de Chaumont et d'Enghien ; vicomtes de Meaux ; ducs d'Estouteville ;

(1) Citer tous les ouvrages qui ont parlé de la maison de Bourbon et de ses branches, ce serait citer tous les livres écrits sur l'histoire de France ; on comprendra donc que nous nous bornions à renvoyer nos lecteurs aux deux ouvrages que nous avons suivis pour la rédaction de cette partie de l'Armorial.

seigneurs de Montdoubleau, d'Espernon, de Preaux, de Romalart, de Montoire, de Lavardin, de Bonneval, de Gravelines, de Dunkerque, de Ham, de La Roche, de Bohaim, de Beaurevoir, de Condé, de Lesdin, de Montigny ; châtelains de Lille, etc., issus de LOUIS DE BOURBON, comte de Vendôme et de Chartres, second fils de Jean de Bourbon, comte de La Marche, et de Catherine, comtesse de Vendôme.

Cette branche a donné naissance à celle des princes de La Roche-sur-Yon, ducs de Montpensier, et à celle des princes de Condé. Antoine de Bourbon, roi de Navarre, dont nous allons parler, fut le dernier duc de Vendôme de cette branche ; toutefois ce nom fut relevé par un fils naturel d'Henri IV.

Ecartelé : aux 1 et 4 de Bourbon-La-Marche ; et aux 2 et 3 d'argent, au chef de gueules, au lion d'azur, armé, couronné et lampassé d'or, brochant sur le tout, qui est de Vendôme. — Pl. II.

Histoire des grands officiers de la Couronne.

Les comtes de Vendôme portèrent aussi souvent les armes de Bourbon-La-Marche sans écartelure ; et enfin Charles de Bourbon, premier duc de Vendôme, père du roi de Navarre, prit l'écu de Bourbon pur, que son frère, le duc d'Estouteville, écartela de Luxembourg, et son neveu, d'Estouteville.

ROI DE NAVARRE. Antoine de Bourbon, roi de Navarre, prince de Béarn, duc de Vendôme, de Beaumont et d'Albret, comte de Foix, etc., fils aîné de Charles de Bourbon duc de Vendôme, porta le titre de duc de Vendôme, puis celui de roi de Navarre, après avoir succédé au roi Henri, son beau-père, mort le 25 mai 1555. Antoine de Bourbon fut le père d'Henri IV.

Ecartelé : au 1 de gueules, aux chaînes d'or posées en orle, en croix et en sautoir, qui est de Navarre; *aux 2 et 3 de Bourbon; et au 4 d'or, à deux vaches de gueules, accornées, accolées et clarinées d'azur,* qui est de Béarn. — Pl. I.

Duby, Monnaies des Barons.

L'Histoire des grands officiers de la Couronne donne à Antoine de Bourbon un écu fort compliqué qu'il ne porta sans doute jamais; nous allons toutefois en donner la description : *Coupé de huit pièces, quatre en chef et quatre en pointe : au 1 du chef de gueules, aux chaînes d'or posées en orle, en croix et en sautoir,* qui est de Navarre; *au 2 de France, au bâton de gueules en bande,* qui est de Bourbon ; *au 3 écartelé : aux 1 et 4 de France, et aux 2 et 3 de gueules,* qui est d'Albret; *au 4 d'or, à quatre pals de gueules,* qui est d'Arragon; *au 5, premier de la pointe, écartelé: aux 1 et 4 d'or, à trois pals de gueules,* qui est de Foix; *et aux 2 et 3 d'or, à deux vaches de gueules accornées, accolées et clarinées d'azur,* qui est de Béarn ; *au 6 écartelé : aux 1 et 4 d'argent, au lion de gueules,* qui est d'Armagnac ; *et aux 2 et 3 de gueules, au lion léopardé d'or, armé et lampassé d'azur,* qui est de Rhodez; *au 7 semé de France, à la bande componée d'argent et de gueules,* qui est d'Evreux; *au 8 d'or, à quatre pals de gueules, flanqué au côté dextre de gueules, au château sommé de trois tours d'or,* pour Castille, *et au côté senestre d'argent, au lion de gueules,* qui est de Léon ; *et sur le tout des huit quartiers, d'or, à deux lions passants de gueules, armés et lampassés d'azur,* qui est de Bigorre.

Nous avons cru devoir lui attribuer le blason qu'il portait sur ses monnaies, reproduites par Duby, dans son *Traité des monnaies des Barons.* (Pl. xx).

ROIS DE FRANCE ET DE NAVARRE.

Henri IV, fils d'Antoine de Bourbon, roi de Navarre et de Jeanne d'Albret, succéda de droit à la couronne de France après l'extinction de la maison d'Angoulême-Valois, par la mort de Henri III, le 2 août 1589 ; il prit alors les armes de France sans brisure (1). Ce fut par suite de son avènement au trône que le royaume de Navarre fut réuni à la France en 1607, et c'est depuis cette époque que les rois portèrent le titre de rois de France et de Navarre, et les armes de ces deux royaumes.

Parti : au 1 d'azur, à trois fleurs de lys d'or ; au 2 de gueules, aux chaînes d'or, posées en orle, en croix et en sautoir. — Pl. I.

Histoire des grands officiers de la Couronne.

(1) Quelques chroniqueurs rapportent que le jour même de l'assassinat du roi Henri III, la foudre tombant sur la sainte chapelle de Bourbon-l'Archambaud, enleva le bâton de l'écu de Bourbon qui figurait dans une verrière de cette église.

Bien que le blason des rois de France et de Navarre ait dû être toujours parti des armoiries des deux couronnes, depuis Louis XV, l'écu aux trois fleurs de lys fut à peu près uniquement adopté. Nous allons indiquer, d'après le P. Ménestrier et l'*Histoire des grands officiers de la Couronne*, quelles furent les brisures prises par les fils de France et par les princes du sang ; les derniers ducs de Vendôme, issus d'un fils naturel de Henri IV, et les ducs d'Orléans auront chacun un article séparé.

Le dauphin de France portait : *Ecartelé : aux 1 et 4 de Bourbon-France ; et aux 2 et 3 d'or, au dauphin d'azur*, qui est de Dauphiné.

Le duc de Bourgogne portait : *Ecartelé, aux 1 et 4 de Bourbon-France ; et aux 2 et 3 bandé d'or et d'azur, à la bordure de gueules*, qui est de Bourgogne-ancien.

Le duc d'Anjou portait : *De Bourbon-France, à la bordure de gueules*.

Le duc de Berry portait : *De Bourbon-France à la bordure engrelée de gueules*, puis *de Bourbon-France, à une bordure crénelée de gueules*.

Les fils naturels légitimés de Louis XIV portèrent : *de Bourbon-France, au bâton de gueules péri en barre*.

Histoire des grands officiers de la Couronne.

DUCS D'ORLÉANS, souverains de Dombes ; ducs de Chartres, de Valois, d'Alençon, de Saint-Fargeau et de Châtellerault ; princes de la Roche-sur-Yon ; dauphins d'Auvergne ; marquis de Mazières-en-Brenne ; comtes de Blois, de Montlhéry, de Limours, de Mortaing, de Bar-sur-Seine et d'Eu ; vicomtes d'Auge et de Domfront ; barons

d'Amboise et de Beaujolais; pairs de France, etc.
Gaston-Jean-Baptiste de France, second fils
d'Henri IV, porta d'abord le titre de duc d'Anjou,
puis celui de duc d'Orléans, ce duché lui ayant été
donné en apanage, avec celui de Chartres, le comté
de Blois et d'autres terres. Le duc d'Orléans n'eut
qu'une fille, Anne-Marie-Louise d'Orléans, connue
sous le nom de la Grande-Mademoiselle, qui
mourut sans alliance, laissant ses biens à MONSIEUR,
Philippe de France, duc d'Orléans, son cousin
germain, qui fut la tige des seconds ducs d'Orléans.

De France, au lambel de trois pendants d'argent. — Pl. I.

Histoire des grands officiers de la Couronne.

DUCS D'ORLÉANS, de Valois, de Chartres,
de Nemours, de Montpensier; premiers princes du
sang, etc. Philippe de France, appelé MONSIEUR,
second fils du roi Louis XIII, fut la tige de cette
branche. Ce prince porta le titre de duc d'Anjou
jusqu'après la mort de son oncle Gaston d'Orléans,
il prit alors le titre de duc d'Orléans; il hérita plus
tard de sa cousine la Grande-Mademoiselle. Louis-
Philippe Ier, roi des Français du 9 août 1830 au
24 février 1848, descendait de Philippe de France
à la cinquième génération.

Armoiries semblables à celles des premiers ducs d'Orléans.

ROIS D'ESPAGNE et DES INDES, rois des Deux-Siciles ; ducs de Parme et de Plaisance, etc. Philippe de France, duc d'Anjou, second fils de Louis de France, dauphin de Viennois, et petit-fils de Louis XIV, fut appelé au trône d'Espagne par le testament du roi Charles II, dernier rejeton de la dynastie autrichienne. Le jeune prince fut proclamé roi d'Espagne à Fontainebleau, le 16 novembre 1700, et à Madrid, sous le nom de Philippe V, le 24 du même mois.

De cette branche sont issus les rois de Naples et les ducs de Lucques et de Parme.

Écartelé : aux 1 et 4 de gueules, au château d'or, sommé de trois tours de même, qui est de Castille ; *aux 2 et 3 d'argent, au lion couronné de gueules,* qui est de Léon ; *et sur le tout, d'azur, à trois fleurs de lys d'or,* qui est de Bourbon-France. — Pl. I.

Telles sont les armes que portent habituellement les rois d'Espagne de la maison de Bourbon, mais leur grand écusson est plus compliqué ; le voici tel que le décrit l'*Histoire des grands officiers de la Couronne : Écartelé : au 1ᵉʳ quartier, contrécartelé, aux 1 et 4 de gueules, au château d'or, sommé de trois tours de même,* qui est de Castille ; *aux 2 et 3 d'argent, au lion de gueules,* qui est de Léon ; *enté en pointe de ces deux quartiers, d'or, à la grenade de gueules, tigée et feuillée de sinople,* qui est de Grenade ; *au 2ᵉ quartier, parti d'or, à quatre pals de gueules,* qui est d'Arragon ; *et de même, flanqué d'argent, à deux aigles de sable,* qui est d'Arragon-Sicile ; *au 3ᵉ quartier, de gueules, à la fasce d'argent,* qui est d'Autriche, *soutenu de bandé d'or et d'azur, à la bordure de gueules,* qui est de Bourgogne-ancien ; *au 4ᵉ quartier, semé de France, à la bordure componée d'argent et de gueules,* qui est de Bourgogne-moderne ; *soutenu de sable, au lion d'or, armé et lampassé de gueules,* qui est de Brabant ; *enté en pointe de ces deux quartiers, parti d'or, au lion de sable, armé et lampassé de gueules,* qui est de Flandre, *et d'argent, à l'aigle de gueules, couronnée, becquée et membrée d'or, chargée sur la poitrine d'un croissant de même,* qui est de Tyrol ; *et sur le tout, de Bourbon-France, à la bordure de gueules,* qui est d'Anjou.

Nous avons vu que les rois d'Espagne ont supprimé la bordure de gueules, brisure de l'écu de Bourbon-France.

ROIS DE NAPLES et DES DEUX-SICILES.

Charles III, roi d'Espagne, fils de Philippe V d'Anjou, donna en apanage, le 5 octobre 1759, le royaume des Deux-Siciles, à son fils cadet Ferdinand Ier.

D'azur, à trois fleurs de lys d'or, à la bordure de gueules. — Pl. I.

Telles sont les armes de l'écu principal, posé sur le tout. Les partitions et écartelures du grand écusson royal de Naples sont aux armes d'Espagne, de Portugal, d'Autriche, de Jérusalem, d'Arragon-Sicile, d'Anjou-ancien, de Bourgogne-moderne, de Flandre, de Brabant et de Médicis.

DUCS DE PARME, de Plaisance et de Guastalla.

L'infant Philippe, fils puîné de Philippe V, roi

d'Espagne, eut en apanage les duchés de Parme, de Plaisance et de Guastalla, en vertu du traité d'Aix-la-Chapelle, et fut la tige de la branche de Bourbon de Parme. Son petit-fils Louis, infant d'Espagne, devint roi d'Etrurie, par suite de la convention de Madrid, qui concédait à sa maison la Toscane, à titre de royaume d'Etrurie, en indemnité des trois duchés réunis à l'Empire français. En 1815, la Toscane étant tombée sous la domination autrichienne, et la jouissance des duchés de Parme, de Plaisance et de Guastalla ayant été assurée à l'archiduchesse Marie-Louise, pour sa vie durant, le congrès de Vienne avait assigné provisoirement à la maison de Parme le duché de Lucques pour le posséder jusqu'à l'époque où elle rentrerait, par la mort de l'archiduchesse, dans son patrimoine, dont la reversion lui a été de nouveau garantie par le traité de Paris du 10 juin 1817. La maison de Parme est rentrée en possession de ses duchés à la fin de 1847.

D'azur, à trois fleurs de lys d'or, à la bordure de gueules, chargée de huit coquilles d'argent. — Pl. I.

Le grand écusson ducal de Parme porte en outre, comme ceux d'Espagne et de Naples, un grand nombre d'écartelures sur lesquelles se place l'écusson de Bourbon-France avec la brisure.

DUCS DE VENDOME (seconde branche), ducs d'Estampes, de Mercœur, de Beaufort et de Penthièvre; princes de Martigues; comtes de Busançais; seigneurs d'Anet, etc. Cette branche des derniers ducs de Vendôme eut pour auteur César, duc de Vendôme, fils de Henri IV et de Gabrielle d'Estrées, légitimé par lettres données à Paris au mois de janvier 1595; elle s'éteignit en 1712 à la mort de Louis-Joseph, duc de Vendôme.

D'azur, à trois fleurs de lys d'or, au bâton de gueules péri en bande, chargée de trois lionceaux d'argent. — Pl. II.

Histoire des grands officiers de la Couronne.

COMTES DE MONTPENSIER, de Clermont et de Sancerre ; dauphins d'Auvergne ; seigneurs de Mercœur et de Combraille, issus de Louis de Bourbon, comte de Montpensier, fils cadet de Jean Ier, duc de Bourbon, et de Marie de Berry. Cette branche finit en la personne du fameux connétable de Bourbon, petit-fils de Louis, qui, comme nous l'avons dit plus haut, prit les armes de Bourbon pleines après la mort de son beau-père.

D'azur, à trois fleurs de lys d'or, au bâton de gueules en bande, brisé en chef d'un quartier d'or, au dauphin d'azur. — Pl. II.

Histoire des grands officiers de la Couronne.

La brisure des armes de cette branche fut prise du blason de Jeanne, fille unique et héritière de Beraud III, dauphin d'Auvergne, femme du premier comte de Montpensier, qui portait : *d'or, au dauphin d'azur.*

PRINCES DE CONDÉ, souverains de Château-Regnault ; ducs d'Enghien, de Châteauroux, de Montmorency-Enghien, d'Albret, de Seurre-Bellegarde, de Bourbon et de Guise ; marquis, puis princes de Conti ; comtes de Soissons, d'Anisy, de Valery, de Clermont, de La Marche et de Charolais, etc., issus de Charles de Bourbon, premier prince de Condé, septième fils de Charles de Bourbon, duc de Vendôme, né en 1530.

Cette branche de la maison de Bourbon, qui donna à la France tant d'hommes illustres, s'éteignit en 1830, par la mort de Louis-Henri-Joseph, duc de Bourbon. Elle avait formé les rameaux des comtes de Soissons et des princes de Conti, dont nous parlerons.

D'azur, à trois fleurs de lys d'or, au bâton de gueules péri en bande. — Pl. II.

Histoire des grands officiers de la Couronne.

La maison de Condé ne prit ce blason qu'à partir de la troisième génération, après l'extinction de la branche des ducs de Vendôme ; les deux premiers princes de Condé, pour se distinguer de leurs aînés, écartelaient l'écu de Bourbon des armes d'Alençon : *d'azur, à trois fleurs de lys d'or, à la bordure de gueules, chargée de huit besants d'argent.* Un cadet de cette branche, le comte de Charolais, fils de Louis III, prince de Condé, qui eut une fâcheuse célébrité pendant la première moitié du XVIIIe siècle, portait pour brisure une fleur de lys d'argent sur le bâton de gueules.

Histoire des grands officiers de la Couronne.

PRINCES DE CONTI, ducs de Mercœur ; princes de La Roche-sur-Yon ; marquis de Graville et de Portes ; comtes de Pézenas, d'Alais, de Beaumont-sur-Oise, de La Marche et de Clermont ; vicomtes de Teyrargues ; barons de La Fère-en-Tardenois ; seigneurs de l'Ile-Adam et de Trie, etc., issus de Armand de Bourbon, fils puîné de Henri de Bourbon, deuxième du nom, prince de Condé, et de Charlotte-Marguerite de Montmorency, né en 1629. Cette branche s'éteignit, en 1814, par la mort de Louis-François-Joseph, prince de Conti.

D'azur, à trois fleurs de lys d'or, au bâton de gueules péri en bande, et à la bordure de même. — Pl. II.

Histoire des grands officiers de la Couronne.

L'avant-dernier prince de Conti laissa deux fils naturels, nés en 1771 et en 1772, connus sous les noms de marquis de Bourbon-Removille et de chevalier de Bourbon-Hattonville ; ces deux personnages furent reconnus par codicille du prince leur père, de 1776, et par lettres patentes de 1815, du roi Louis XVIII, qui leur permit de porter à l'avenir les noms de marquis et de chevalier de Bourbon-Conti. Ils portèrent pour armes :

De Bourbon-France, à deux bâtons de gueules, péris en bande et en barre, croisés en forme de sautoir. — Pl. II.

Courcelles, Histoire des pairs de France.

COMTES DE SOISSONS, de Clermont et de Dreux, etc. Cette branche ne forma que deux générations : Charles de Bourbon, fils de Louis, premier du nom, prince de Condé, et de Françoise d'Orléans, sa seconde femme, né en 1566, et Louis, fils de Charles, qui mourut sans enfants légitimes en 1641.

Armoiries semblables à celles des princes de Conti.

Histoire des grands officiers de la Couronne.

Le dernier comte de Soissons laissa un fils naturel, Louis-Henri de Bourbon-Soissons, dit le chevalier de Soissons, comte de Nogent, seigneur de Lusarche, d'abord chevalier de Malte, qui fut légitimé par lettres de Louis XIV, en 1643, et qui prit les titres de comte de Dunois et de prince de Neufchâtel en Suisse. Il épousa Angélique-Cunégonde de Montmorency-

Luxembourg, dont il n'eut que deux filles. Il portait : *D'azur, à trois fleurs de lys d'or, au bâton de gueules péri en barre et à la bordure de même.*

Histoire des grands officiers de la Couronne.

DUCS DE MONTPENSIER, princes souverains de Dombes ; princes de La Roche-sur-Yon et de Luc ; ducs de Beaupréau, de Châtelleraut et de Saint-Fargeau ; dauphins d'Auvergne ; marquis de Mézières ; comtes de Chemillé, de Mortain et de Bar-sur-Seine ; vicomtes d'Auge, de Brosse et de Domfront ; barons de Beaujolais, de Thiers et de La Roche-en-Régnier ; seigneurs de Champigny-sur-Vende, de Leuse, de Condé, de Saint-Chartier, de Cluys, d'Agarande, de Châtelet, d'Argenton, de Montagu, d'Escolle, de Mirebeau, de Saint-Sever et du pays de Combraille, etc., issus de Louis de Bourbon, premier du nom, prince de La Roche-sur-Yon, second fils de Jean II de Bourbon, comte de Vendôme, et d'Isabeau de Beauvau, né dans la seconde moitié du XVe siècle. Le dernier duc de Montpensier de cette branche fut Henri de Bourbon, qui mourut en 1608, ne laissant de sa femme Henriette-Catherine, duchesse de Joyeuse, qu'une fille nommée Marie, mariée en 1626 à Gaston, duc d'Orléans, frère de Louis XIII.

*D'azur, à trois fleurs de lys d'or, au bâton de gueules, péri
en bande, chargé d'un croissant d'argent en chef. — Pl. II.*

Histoire des grands officiers de la Couronne.

SEIGNEURS DE CARENCY, comtes de La
Marche ; seigneurs d'Aubigny, de Buquoy, de
l'Escluse, de Duisant, de Rochefort, de Bougny, de
Combles, d'Abret, de Vendat, de Bains, de Saint-
George, de Ternat, etc., issus de Jean de Bourbon,
seigneur de Carency en Artois, troisième fils de
Jean, premier du nom, comte de La Marche, et de
Catherine de Vendôme, né dans la seconde moitié
du XIVe siècle. Cette branche s'éteignit au commencement du XVIe siècle, par la mort de Bertrand et de Jean, fils de Charles, dernier seigneur
de Carency ; Isabelle de Bourbon, fille et héritière
de ce prince, épousa en 1516 François des Cars,
seigneur de Vauguyon.

*D'azur, à trois fleurs de lys d'or, au bâton de gueules mis
en bande, chargé de trois lionceaux d'argent, à la bordure de
gueules. — Pl. II.*

Histoire des grands officiers de la Couronne.

Philippe de Bourbon, seigneur de Duisant, cinquième fils
de Jean Ier, seigneur de Carency, porta comme surbrisure la
bordure des armes de sa famille dentelée d'argent.

SEIGNEURS DE PRÉAUX, barons de Thury; seigneurs d'Argies, de Dangu, etc., issus de Jacques de Bourbon, grand-bouteiller de France, troisième fils de Jacques, premier du nom, comte de La Marche. Cette branche s'éteignit en 1422, par la mort sans postérité de Pierre de Bourbon, seigneur de Préaux.

D'azur, à trois fleurs de lys d'or, au bâton de gueules en bande, et à la bordure de même. — Pl. II.

Histoire des grands officiers de la Couronne.

VICOMTES DE LAVEDAN, barons puis marquis de Malause ; barons de Caudesaigues, de Basian, de Barbasan, de Beaucen ; seigneurs de La Chaussée, d'Estain, de Bouconville, de Fer, de Favars, de Saint-Germain, de Gijonet, de Viane, de Case-Rocairol, de La Jouée, etc., issus de Charles de Bourbon, fils naturel de Jean II, duc de Bourbon, et de Louise d'Albret, dame d'Estouteville, né vers le milieu du XVe siècle.

De cette branche est sorti le rameau des barons de Basian.

D'argent, à la bande d'azur, semée de fleurs de lys d'or, et un filet de gueules, aussi en bande, brochant sur le tout. — Pl. II.

Histoire des grands officiers de la Couronne.

BARONS DE BASIAN et d'Audagence ; seigneurs de La Canau-en-Briets, de Parentis, de Saint-Aulaye, de Saint-Paul-en-Bore, etc., issus de Gaston de Bourbon, seigneur de Basian, quatrième fils de Charles, bâtard de Bourbon, baron de Caudesaigues et de Malause, et de Louise du Lion, né vers la fin du XVIe siècle.

Armoiries semblables à celles des vicomtes de Lavedan.

L'*Histoire des grands officiers de la Couronne* attribue à ce rameau, et cela d'après l'Armorial manuscrit de la généralité de Montauban, un écu de *Condé-moderne, chargé d'un bâton d'or péri en bande*. Il est probable que cette indication est inexacte ; en tout cas les premiers barons de Basian ne pouvaient point porter un tel blason ; ils devaient avoir l'écu de leur branche avec une brisure quelconque.

COMTES DE BUSSET, barons, puis comtes de Busset ; barons de Chaslus, de Vezigneul ; seigneurs de Puisagut, de Contoge, de Saint-Priest, de La Motte-Feuilly, du Montet, etc., issus de Pierre de Bourbon, fils de Louis de Bourbon, évêque de Liège, qui l'eut fort jeune de Catherine de Gueldres, n'étant point encore dans les ordres sacrés. L'évêque de Liège était lui-même le cinquième fils de Charles III, duc de Bourbon, et d'Agnès de Bourgogne.

La branche de Bourbon-Busset, depuis son origine, a eu de
grandes alliances et des possessions considérables ; ses membres ont toujours été qualifiés *Cousins* par les rois de France,
comme on le voit par des lettres de François Ier et de Henri IV,
et par un brevet que Louis XV leur délivra pour leur confirmer
ce privilège.

*D'azur, à trois fleurs de lys d'or, au bâton de gueules péri
en bande, au chef d'argent, chargé d'une croix potencée d'or,
cantonnée de quatre croisettes de même,* qui est de Jérusalem.
— Pl. II.

L'*Histoire des grands officiers de la Couronne* attribue aux
comtes de Busset un écu semé de fleurs de lys qu'ils n'ont
jamais dû porter ; dès le XVe siècle, comme nous l'avons dit
plus haut, toutes les branches de la maison de Bourbon, à
l'exemple des rois, avaient réduit à trois le nombre des fleurs
de lys de leur écusson. Primitivement, c'était un bâton en
bande qui brochait sur les fleurs de lys.

SEIGNEURS DE LIGNY, vicomtes de Lombercourt ; seigneurs de Bonneval, de Vançay, de
Fortel, de Heux-en-Ternois, de La Vaquerie, de
Vierge, de Rubempré, de Rieux, de Bellehart, de
Saint-Remy-en-Rynier, de Dencourt, de Nullemant,
de Preudeville, de Cumouville, de Grainville, etc.,
en Picardie, issus de Jacques, bâtard de Vendôme,
fils naturel de Jean de Bourbon, deuxième du nom,
comte de Vendôme, et de Philippe de Gournay, né
vers la fin du XVe siècle. Cette branche s'éteignit

en 1594, par la mort sans enfants d'Antoine de Bourbon-Vendôme, vicomte de Lombercourt.

D'azur, à trois fleurs de lys d'or, au bâton de gueules en bande, chargé de trois lionceaux d'argent, brochant sur le tout, brisé d'un filet de sable mis en barre. — Pl. II.

Histoire des grands officiers de la Couronne.

COMTES DE ROUSSILLON, seigneurs de Mirebeau, de La Roche-Clermont, de Purnon, etc., en Dauphiné, issus de Louis, bâtard de Bourbon, comte de Roussillon, amiral de France, fils naturel de Charles Ier, duc de Bourbon, légitimé en 1463.

D'azur, à trois fleurs de lys d'or, au bâton noueux de gueules, en barre, brochant sur le tout. — Pl. II.

Histoire des grands officiers de la Couronne.

Cette branche s'éteignit en la personne de Charles de Bourbon, fils de Louis, qui avait épousé Anne de La Tour, dont il n'eut point d'enfants ; mais le premier comte de Roussillon laissa plusieurs enfants naturels qui eux-mêmes eurent des bâtards ; l'*Histoire des grands officiers de la Couronne* donne la filiation de ces rameaux illégitimes et les armoiries de leurs membres, que nous ne mentionnerons point ici.

CLERGÉ

ÉVÊCHÉ DE MOULINS

ous le rapport religieux, le Bourbonnais n'avait pas plus d'unité que sous le rapport judiciaire, civil et militaire ; il se partageait entre quatre diocèses : Autun, Bourges, Clermont et Nevers. Cette division se perpétua après le retour de la province à la Couronne. Dès les premières années du règne de Louis XVI, les démarches les plus actives furent faites par l'administration locale pour obtenir que la ville de Moulins fût érigée en siège épiscopal. Il fallut pourtant négocier longtemps avec les autorités ecclésiastiques pour les amener à laisser détacher de leurs diocèses respectifs quelques paroisses les plus rapprochées de Moulins, qui devaient être comprises dans le nouvel évêché à établir ; enfin, en 1789, l'abbé des Gallois de La Tour fut nommé évêque de Moulins, au moment où éclata la révolution. L'érection du diocèse de Moulins fut suspendue, et la consécration de l'abbé de La Tour, évêque nommé, fut retardée indéfiniment et ne put avoir lieu. En 1790, l'abbé Laurent, curé d'Hulliaux, fut élu évêque constitutionnel. Lorsque le premier Consul rétablit en France le culte catholique, le nouveau concordat, signé à Paris, le 15 juillet 1801, supprima l'évêché de Moulins, dont il réunit le diocèse à celui de Clermont. Moulins fut alors la résidence d'un vicaire-général, comme avant la révolution, et ne redevint siège épiscopal qu'en 1823 (1). Depuis cette année, deux prélats ont occupé ce siège, nous allons donner leurs armes, ainsi que celles de l'abbé de La Tour.

ETIENNE JEAN-BAPTISTE-LOUIS DES GALLOIS DE LA TOUR, vicaire-général du diocèse d'Autun, au district de Moulins, et doyen du chapitre de la collégiale de cette ville, fut nommé évêque de Moulins en 1789. La révolution empêcha qu'il ne fût consacré, il émigra et fut appelé à l'archevêché de Bourges en 1817. Il était fils de Jean-Baptiste des Gallois de La Tour, conseiller, puis premier président au parlement d'Aix, intendant de Provence, etc.; mais sa famille, qui aura son article dans cet ouvrage, était originaire du Bourbonnais.

De sable, au sautoir d'or. — Pl. III.

Armorial manuscrit de la Généralité de Moulins. — CHEVILLARD, Dict. héraldique.

(1) Ces quelques lignes sont extraites de l'excellent article publié par M. Alary, dans le *Bulletin de la Société d'émulation de l'Allier* (t. IV, p. 53), sur l'établissement de l'Evêché de Moulins.

ANTOINE DE PONS, vicaire-général de Clermont, fut appelé au siège épiscopal de Moulins en 1822, et sacré l'année suivante. Il mourut en 1849. Monseigneur de Pons appartenait à une très ancienne famille d'Auvergne.

De gueules, à trois fasces d'or. — Pl. III.

BOUILLET, Nobil. d'Auvergne.

Selon M. Bouillet, la famille de Pons de La Grange porta : *Écartelé : aux 1 et 4 de gueules, à trois fasces d'or ; et aux 2 et 3 d'azur, au chevron d'or, accompagné de trois pommes de même.* M. Lainé, dans le *Nobiliaire d'Auvergne* qui termine le tome VII de ses *Archives de la noblesse de France*, donne les mêmes armes à cette famille, mais il attribue à une branche l'écu aux trois fasces sans écartelure, que portait Monseigneur de Pons.

Mgr PIERRE-SIMON-LOUIS-MARIE DE DREUX-BRÉZÉ, ancien vicaire-général et chanoine honoraire de Paris, a été nommé évêque de Moulins le 28 octobre 1849, et préconisé par le Souverain-Pontife le 7 janvier 1850.

D'azur, au chevron d'or, accompagné en chef de deux roses d'argent, et en pointe d'un soleil du second émail. — Pl. III.

Dict. de la Noblesse. — P. de COURCY, Nobil. de Bretagne, etc.

COMMUNAUTÉS RELIGIEUSES

Le Bourbonnais possédait sept Chapitres : Moulins, Bourbon, Montluçon, Hérisson, Villefranche, Huriel et Verneuil. — Quatre Abbayes : Saint-Gilbert, Sept-Fonts, Charenton et Saint-Menoux. — Vingt-trois Prieurés, dont les principaux étaient : Souvigny, les Augustins de Moulins, Saint-Germain-de-La-Garde, les Génovéfains de Domérat et de Durdat, les Bénédictins du Montet, enfin les prieurés d'Huriel, de Néris, de Notre-Dame de Montluçon, de Saint-Germain-de-Salles et de Sancoins. — Trente Couvents : dix-huit de religieux et douze de religieuses.

Nous allons donner les armoiries de ceux de ces établissements religieux dont nous avons pu retrouver le blason.

CHAPITRES

LE CHAPITRE ROYAL DE NOTRE-DAME DE MOULINS, fondé en 1386 par Louis II, duc de Bourbon. Cette collégiale occupait l'église Notre-Dame édifiée par le duc Pierre II et par sa femme Anne de France. Elle se composait d'un doyen et de dix chanoines ; elle dépendait du diocèse d'Autun.

D'azur, semé de fleurs de lys d'or, au bâton de gueules en bande, et une annonciation brochant sur le tout : la Vierge de carnation, vêtue de gueules et d'azur, coiffée d'un voile d'or, nimbée de même, adextrée d'un ange aussi de carnation, aîlé d'argent, vêtu d'or, nimbé de même, fléchissant le genou dextre, tenant une tige de lys fleurie d'argent, et un ruban de même sur lequel se lisent ces mots : AVE MARIA, *en caractères de sable, aux pieds de la Vierge, un vase d'or d'où sort une tige de lys d'argent ; ce groupe placé sur un piédestal et surmonté d'un dais d'architecture, le tout d'or.* — Pl. III.

Armorial manuscrit de la Généralité de Moulins.

Ces armoiries ont été composées d'après le premier sceau de la Collégiale, datant des premières années du XVe siècle, peut-être même du temps de sa fondation, qui est conservé dans ses archives. Ce sceau, fort bien gravé, est elliptique et d'assez grande dimension ; il porte l'Annonciation brochant súr un champ aux armes de Bourbon. Ce groupe, d'un dessin fort heureux, repose sur une console et est surmonté d'un dais dans le style de la seconde période ogivale. La légende : S: CAPITVLI : BEATE : MARIE. DE MOLINIS: est en lettres majuscules gothiques. Nous avons décrit ce sceau dans l'*Art en Province* (XIe année, p. 63)

LE CHAPITRE DE LA SAINTE-CHA-PELLE DE BOURBON-L'ARCHAMBAUD,

fondé en 1332 par Louis Ier, duc de Bourbon. Ce Chapitre était composé d'un trésorier, de six chanoines et de trois semi-prébendiers, tous à la nomination des ducs de Bourbon. L'érection de la Sainte-Chapelle et l'établissement du Chapitre furent approuvés et confirmés par bulles du pape Jean XXII qui exempta cette Collégiale de la juridiction de l'archevêque de Bourges, la soumit immédiatement au Saint-Siège, et donna au trésorier toute autorité sur les chanoines.

D'azur, semé de fleurs de lys d'or, au bâton péri en barre de gueules, et une croix aussi de gueules, haussée sur trois degrés, brochant sur le tout. — Pl. III.

Armorial manuscrit de la Généralité de Moulins.

LE CHAPITRE DE NOTRE-DAME DE CUSSET. Ce Chapitre, fort ancien, dépendait de l'abbaye de Bénédictines du même lieu.

D'azur, au senestrochère d'argent, sortant de nuées de même, mouvant du flanc dextre de l'écu, tenant une épée aussi d'argent, la poignée et la garde d'or, sur la pointe de laquelle est posée une couronne aussi d'or. — Pl. III.

Armorial manuscrit de la Généralité de Moulins.

Ces armes se voient sur la cloche de l'ancienne église de La Ferté-Hauterive, qui dépendait de l'abbaye de Cusset ; cette cloche porte en outre l'inscription suivante en lettres minuscules gothiques : HIS M SANCTE YVO ORA PRO NOBIS FAICT LAN MIL CCCCCXXXIII, et quelques figures de saints.

LE CHAPITRE DE SAINT-SAUVEUR D'HÉRISSON, fondé sous Archambaud IX, sire de Bourbon, et avec sa protection. Cette Collégiale se composa d'abord d'un doyen et de douze chanoines, puis, à la fin du XVIe siècle, elle eut dix-neuf prébendes.

D'azur, à la figure du Sauveur, assise dans une chaire à l'antique, bénissant de la main dextre, et appuyant la senestre sur un livre ouvert sur ses genoux, le tout d'or. — Pl. III.

Armorial manuscrit de la Généralité de Moulins.

LE CHAPITRE D'HURIEL. Un chapitre, sous le vocable de Saint-Martin, fut fondé à Huriel par les seigneurs de ce lieu de la maison de Brosse, probablement à la fin du XIIIe siècle.

De gueules, à trois gerbes d'or, liées de même. — Pl. III.

Armorial manuscrit de la Généralité de Moulins.

Ces armes furent formées de celles de la maison de Brosse qui étaient semblables, sauf l'émail du champ.

LE CHAPITRE DE MONTCENOUX. Ce chapitre, qui dépendait de celui de Saint-Ursin de

7

Bourges, était tout près de Villefranche. Il existait fort anciennement, car il est question de l'église de Montcenoux, dès le XIe siècle, dans les histoires du Bourbonnais.

Parti d'argent et d'azur, à la montagne de gueules brochant sur le tout. — Pl. III.

Armorial manuscrit de la Généralité de Moulins.

LE CHAPITRE DE SAINT-NICOLAS DE MONTLUÇON, fondé par les ducs de Bourbon; il se composait d'un doyen et de douze chanoines.

De gueules, à une colonne torse d'or. — Pl. III.

Armorial manuscrit de la Généralité de Moulins.

ABBAYES.

L'ABBAYE DE SEPT-FONTS. Cette abbaye, qui porta d'abord le nom de Notre-Dame-de-Saint-Lieu, fut fondée, en 1132, par Guichard de Bourbon, seigneur de Dompierre; elle appartenait à l'ordre de Cîteaux.

*Ecartelé : aux 1 et 4 d'azur, à trois fleurs de lys d'or, et aux
2 et 3 d'or, au lion de gueules, à l'orle de huit coquilles d'azur.*
— Pl. III.

Ce blason se voit accollé à celui de Dom Dorothée Jalloutz,
abbé de Sept-Fonts en 1776, sur le titre du cartulaire de l'abbaye que cet abbé fit faire, et qui est conservé aux archives de
l'Allier.

**L'ABBAYE ROYALE DE NOTRE-DAME
DE CUSSET.** La première fondation de cette
maison, due à l'évêque de Nevers Eugène, remonte
à l'an 886, mais elle n'eut le titre d'abbaye qu'en
1236.

*Armoiries semblables à celles du Chapitre de Notre-Dame
de Cusset.* — Pl. III.

L'Armorial manuscrit de la Généralité de Moulins attribue faussement à cette abbaye un écu *de sable, au lion d'argent, couronné d'or.* Ce blason était celui de Marie-Catherine
de La Chaise-d'Aix, qui était abbesse de Cusset à l'époque où
cet armorial fut dressé.

PRIEURÉS ET AUTRES MAISONS RELIGIEUSES

LE PRIEURÉ DE SAINT-PIERRE DE MONTLUÇON. Nous ignorons la date de la fondation de ce prieuré.

D'azur, à la croix, cantonnée aux 1 et 4 d'une aigle, et aux 2 et 3 d'une ruche, le tout d'or. — Pl. III.

Armorial manuscrit de la Généralité de Moulins.

Ces armes sont celles d'un prieur de cette maison de la famille Meliand, du Berry, probablement de Victor-Augustin, qui fut aussi évêque de Gap, près d'Alet.

LE PRIEURÉ DE SAINT-POURÇAIN. Ce couvent de Bénédictins fort ancien eut d'abord le titre d'abbaye ; depuis 1080, on ne le trouve plus mentionné que comme prieuré dépendant de l'abbaye de Tournus.

Parti d'azur, à une crosse d'or en pal, et de gueules, à une épée d'argent aussi en pal. — Pl. III.

Armorial manuscrit de la Généralité de Moulins.

LE PRIEURÉ DE SOUVIGNY.

LE PRIEURÉ DE SOUVIGNY. Fondé en 916 par Aimard, sire de Bourbon, ce prieuré, qui eut une grande importance pendant le moyen-âge, peut être regardé comme l'un des membres principaux de l'abbaye de Cluny.

De..... à une épée et une clef en pal. — Pl. III.

Ce blason, qui est évidemment celui du célèbre prieuré Bourbonnais, se voit sculpté sur une console de l'ancien cloître (XVe siècle) et sur la boiserie de l'orgue de l'église de Souvigny (XVIIIe siècle). Dans la première édition de l'Armorial, nous avions attribué au prieuré de Souvigny un écu à *2 clefs en sautoir*, d'après un curieux sceau, publié par M. Bertrand dans le *Bulletin de la Société de Sphragistique* (t. I, p. 41), dont voici la description : s. INDULGEN PRO REPACOE ECCLE SILVIGNA *(sigillum indulgentiarum pro reparacione* (sic) *ecclesie silvignacensis)* entre filets, lettres minuscules gothiques. Dans le champ, une église soutenue par deux abbés en chappe, crossés et mîtrés, debout sur une sorte de cul-de-lampe ; entre ces deux personnages, sous l'église, un large écusson en ogive, portant deux clefs en sautoir. Sceau orbiculaire.

Ce sceau fut, sans nul doute, celui qui servit à sceller les copies de la bulle d'indulgences accordée par le pape Eugène IV aux fidèles qui contribueraient à la reconstruction de l'église de Souvigny, au milieu du XVe siècle ; et l'écusson qui s'y voit que nous pensions être celui du prieuré, bien que l'Armorial manuscrit de la Généralité de Moulins lui attribue un écu *de sable, à une croix pattée d'or,* et aux armes pontificales.

On sait que l'abbaye de Cluny portait dans son blason les clefs et l'épée, attributs de saint Pierre et de saint Paul. La plupart des maisons religieuses qui dépendaient de cette abbaye avaient chargé leurs armes de clefs et d'épées disposées de diverses manières.

LE COUVENT DES CÉLESTINS DE VICHY, fondé par Louis II, duc de Bourbon.

D'azur, à la croix haussée et pattée, au montant de laquelle est entrelacé un S, accostée de deux fleurs de lys, le tout d'or — Pl. III.

Armorial manuscrit de la Généralité de Moulins.

Ces armes sont celles de l'ordre des Célestins ; la lettre S entrelacée au montant de la croix est l'initiale du nom de la ville de Sulmone, où cet ordre fut institué l'an 1254, par Pierre Maron, depuis Pape sous le nom de Célestin V (La Chesnaye des Bois).

LE COUVENT DE NOTRE-DAME DE PONTRATIER.

D'azur, à trois fleurs de lys d'or et un bâton de gueules, péri en bande, en abîme. — Pl. III.

Armorial manuscrit de la Généralité de Moulins.

LE COUVENT DES RELIGIEUSES DE SAINTE-URSULE DE MONTLUÇON.

D'azur, au monogramme de Jésus, surmonté d'une croisette

*et soutenu de trois clous de la passion appointés, le tout d'or,
entouré d'un cercle rayonnant de même. — Pl. III.*

Armorial manuscrit de la Généralité de Moulins.

LE COUVENT DES RELIGIEUSES BER-NARDINES DE MONTLUÇON.

*D'azur, à la croix pattée d'argent, et une bordure de même.
— Pl. III.*

Armorial manuscrit de la Généralité de Moulins.

L'Armorial de la généralité de Bourges donne le blason de *l'abbaye royale
de Notre-Dame de Charenton* qui est : « *d'argent au lion de sable* » et celui
du prieuré de *Sancoins* qui est : « *d'azur au saint Martin d'or* ». Charenton et
Sancoins, actuellement du département du Cher, faisaient partie du Bourbonnais.

Il était donc utile, pour compléter l'énumération des armoiries monastiques
de notre province, de publier, au moins, la description de ces deux derniers
blasons.

TIERS-ÉTAT

VILLES ET CORPORATIONS

A VILLE DE MOULINS. L'existence de Moulins comme ville, est loin de remonter à une haute antiquité ; au milieu du XIIe siècle, les sires de Bourbon y entretenaient un chef ou gouverneur militaire. La charte d'affranchissement de cette commune fut donnée en 1232 par Archambaud VIII (ANC. BOURBONNAIS).

D'argent, à trois croix ancrées de sable, au chef d'azur, chargé de trois fleurs de lys d'or. — Pl. IV.

Armorial manuscrit de la Généralité de Moulins.

Nous avons décrit, dans les *Annales bourbonnaises* (t. I, p. 205) le plus ancien monument que nous connaissions offrant les armes de Moulins ; c'est une petite dalle de pierre, conservée au Musée de cette ville portant, outre le blason municipal, dont les couleurs sont peu visibles, les noms des maires et des échevins et la date 1657.

Les armoiries de Moulins sont *parlantes* : Les croix ancrées ont été fort souvent prises pour armoiries par des familles ou des villes du nom de Moulins à cause de la ressemblance qui existe entre ces croix, dont les extrémités sont recourbées en forme d'ancre de navire, et les anilles, ou croix de moulin, posées au milieu de la meule pour la fixer, autres pièces héraldiques que l'on trouve rarement dans leur forme originale, presque toutes ayant été converties en croix ancrées. Le chef de France fut sans doute ajouté lors de la réunion du Bourbonnais à la couronne.

M. Roger de Quirielle possède une hallebarde, de la fin du XVI⁵ siècle, dont la hampe est garnie de galons de livrée aux armes de Moulins, mais ces galons ne datent que du XVIII⁵ siècle.

Ces armes se voient encore sur les jetons des maires de Moulins frappés pendant le XVIII⁵ siècle ; il est à remarquer qu'elles y sont timbrées d'une couronne surmontée de cinq coquilles, au lieu de perles ou de fleurons. Cette couronne de coquilles, dont nous n'avons jamais vu d'autre exemple, est certainement un souvenir du blason des premiers sires de Bourbon.

LE CORPS DES OFFICIERS DE L'ÉLECTION DE MOULINS. Ce tribunal connaissait en première instance, tant en matière civile que criminelle, de tous faits des aides et des tailles. Les élus asseyaient les tailles des paroisses de leur département.

De gueules, à l'œil d'argent. — Pl. IV.

Armorial manuscrit de la Généralité de Moulins.

LA VILLE DE CHANTELLE. Nous ne savons de quelle époque est l'affranchissement de cette ville.

D'or, à la bande d'azur, chargée en cœur d'un rossignol d'argent. — Pl. IV.

Armorial manuscrit de la Généralité de Moulins.

LA VILLE DE CHARROUX. La charte d'affranchissement de Charroux fut donnée, en 1245, par Archambaud IX, sire de Bourbon.

De sinople, au charriot d'argent. — Pl. IV.

Armorial manuscrit de la Généralité de Moulins.

LA VILLE DE CUSSET.

De gueules, semé d'écussons d'or. — Pl. IV.

Armorial manuscrit de la Généralité de Moulins.

Le *Dictionnaire des villes et communes de France* de M. Girault de Saint-Fargeau, attribue à la ville de Cusset, d'après un armorial manuscrit du XVIIIe siècle, les armes de l'abbaye royale de cette ville que nous avons décrites plus haut, avec un champ de gueules, au lieu d'un champ d'azur ; nous préférons nous conformer à l'armorial officiel.

LA VILLE D'EBREUIL.

D'argent, à la belette de gueules. — Pl. IV.

Armorial manuscrit de la Généralité de Moulins.

LA VILLE DE GANNAT. Ce fut Archambaud VIII, sire de Bourbon, qui affranchit les habitants de Gannat en 1236.

Ecartelé : aux 1 et 4 d'argent, au chardon fleuri au naturel ; et aux 2 et 3 d'azur, au gant d'argent. — Pl. IV.

Armorial manuscrit de la Généralité de Moulins.

L'Armorial manuscrit de la Généralité de Moulins place le gant au premier et au quatrième quartier, mais nous avons adopté l'écu tel que le donne M. Girault de Saint-Fargeau, d'après l'Armorial dont nous avons parlé plus haut, parce que ces armes sont ainsi figurées sur un sceau de la ville de Gannat, de la fin du XVIe siècle, ou des premières années du XVIIe, que nous avons vu dans la collection de feu M. Giat, de

Gannat. Ce sceau ovale porte pour légende : SCEAV DE LA VILLE DE GANNAT. Le chardon était l'un des emblèmes des ducs de Bourbon, on le trouve fréquemment accompagnant les armoiries de ces princes depuis le duc Louis II qui confirma, en 1367, les franchises de Gannat ; il est donc probable que les armoiries de la ville datent de cette époque. Le gant fait naturellement allusion au nom de Gannat. Nous trouvons, dans le deuxième volume des *Tablettes d'Auvergne*, une notice sur Gannat de M. Peigue, il y est dit qu'au XV⁰ siècle, l'une des portes de la ville était surmontée de l'écu écartelé du chardon et du gant, avec cette devise : *Qui s'y frotte s'y pique si gan n'a*. La légende nous paraît un peu moderne pour l'époque, aussi ne la donnons-nous que sous toutes réserves. M. Peigue a décrit, dans le même article, le sceau de la collection de M. Giat.

LA VILLE D'HÉRISSON.

D'azur, au hérisson d'or. — Pl. IV.

Armorial manuscrit de la Généralité de Moulins.

LA VILLE DE LA PALICE.

De gueules à cinq vergettes d'argent, aiguisées en pointe. — Pl. IV.

Armorial manuscrit de la Généralité de Moulins.

LA VILLE DE MONTLUÇON. Archambaud IX affranchit, en 1242, les habitants de Montluçon. Cet affranchissement fut confirmé, en 1268, par Agnès de Bourbon.

D'azur, au château d'argent posé sur une montagne d'or, surmonté d'un soleil de même. — Pl. IV.

Les armes de la ville de Montluçon sont décrites et figurées de diverses manières dans les armoriaux : l'Armorial de la Généralité de Moulins lui donne un blason évidemment faux et que nous ne pouvons admettre, en voici la description : *De gueules, à une montagne d'or, au chef cousu de sable, chargé d'une lanterne d'argent.* Dans l'Armorial manuscrit des villes de France, l'écu est *d'azur, au château d'argent, posé sur une montagne d'or.* Nous adoptons ces derniers émaux, seulement nous y joignons un soleil en chef, ayant vu les armes de la ville ainsi représentées à Montluçon sur une sculpture des premières années du XVIIe siècle, et sur la grosse cloche de l'église, fondue en 1721 ; seulement, sur ce dernier écusson, le château semble être entre deux montagnes.

LE CORPS DES OFFICIERS DE L'ÉLECTION DE MONTLUÇON.

D'azur, à l'œil d'or. — Pl. IV.

Armorial manuscrit de la Généralité de Moulins.

LE CORPS DES OFFICIERS DE LA VILLE DE MONTLUÇON.

De sable, à la montagne d'argent, et un chef cousu de gueules. — Pl. IV.

Armorial manuscrit de la Généralité de Moulins.

Ces armes des officiers municipaux de Montluçon ont été évidemment composées en même temps que celles attribuées par l'Armorial de la Généralité de Moulins à la ville ; et il en fut de même de beaucoup d'autres.

LE CORPS DES OFFICIERS DE LA CHATELLENIE ROYALE DE MONTLU-ÇON. Montluçon était le chef-lieu de l'une des dix-sept châtellenies du duché de Bourbonnais ; cette châtellenie étendait sa juridiction sur trente-trois paroisses, sans compter la ville.

Parti d'or et de gueules, à la fasce d'argent brochant sur le tout. — Pl. IV.

Armorial manuscrit de la Généralité de Moulins.

LE CORPS DES OFFICIERS DU GRE-NIER A SEL DE MONTLUÇON. Les officiers

du grenier à sel connaissaient en première instance de toutes les contraventions relatives aux gabelles.

Tranché d'azur et d'argent, à l'arbre arraché de sinople brochant sur le tout. — Pl. IV.

Armorial manuscrit de la Généralité de Moulins.

LE CORPS DES OFFICIERS DES TRAITES FORAINES DE MONTLUÇON. Les traites foraines étaient un droit qui se levait sur toutes les marchandises qui entraient dans le royaume.

Coupé d'argent et d'azur, à l'aigle de sable brochant sur le tout. — Pl. IV.

Armorial manuscrit de la Généralité de Moulins.

LA CORPORATION DES BOUCHERS DE MONTLUÇON.

De gueules, à deux couperets d'argent en pal, l'un droit, l'autre renversé. — Pl. IV.

Ancien Bourbonnais.

Les historiens du Bourbonnais rapportent que la corporation des bouchers de Montluçon reçut ces armoiries en souvenir d'un combat contre les Anglais, dans lequel ses membres avaient vaillamment combattu, armés des instruments de leur profession (1).

LA VILLE DE SAINT-POURÇAIN.

D'azur, au baril d'or, cerclé de même, surmonté d'une fleur de lys aussi d'or. — Pl. IV.

Armorial des villes de France.

Nous adoptons ce blason de préférence à celui que donne l'Armorial de la Généralité de Moulins : *D'azur, au pourceau d'argent*, lequel nous paraît moins authentique. On sait que le vin de Saint-Pourçain était assez renommé au XVIe et au XVIIe siècle.

LA VILLE DE VARENNES.

De vair, au chef de gueules. — Pl. IV.

Armorial manuscrit de la Généralité de Moulins.

(1) Après les communautés religieuses de Charenton et de Sancoins et pour le même motif, nous mentionnons ici deux descriptions d'armoiries de corporations tirées de l'*Armorial de la Généralité de Bourges :* celles du Corps des Pâtissiers, Cabaretiers et Boulangers de la ville de Saint-Amand qui sont : « *D'argent, à deux pelles de four de gueules passées en sautoir, accompagnées de trois barils de sable, cerclés d'or, posés deux aux flancs et un en pointe.* »

Et celles des Marchands de drap, Épiciers, Merciers et Quincailliers également de Saint-Amand qui sont : « *D'azur, aux balances d'or suspendues à un cordon de gueules, et une aune d'argent, marquée de sable, périe en bande, brochant sur le tout.* »

LA VILLE DE VERNEUIL.

De vair, au chef de gueules, chargé d'un œil d'argent. —
Pl. IV.

Armorial manuscrit de la Généralité de Moulins.

LA VILLE DE VICHY.

*D'or, à deux fasces d'azur, et deux pals d'argent brochant
sur le tout.* — Pl. IV.

Armorial manuscrit de la Généralité de Moulins.

Nous publions ici, à titre de renseignement, une description
d'armes qui doivent être celles de la ville de Souvigny.

De... à trois grappes de raisin tigées.

Mais nous donnons ces armes, sous certaines réserves,
d'après des écussons sculptés, qui se voient à Souvigny : l'un
de la fin du XVe siècle, à l'une des clefs de voûte du cloître,
l'autre avec la date 1626, sur un bénitier dans le second colla-
téral sud de l'Eglise.

FAMILLES

CHARD, seigneur de Coutensouze, de Clavière, des Monins (1).

Châtellenie de Moulins (2).

ALLIANCES: De Châteaubodeau, Giraud (3).

(1) Les familles sans indication de province, sont originaires du Bourbonnais et paraissent ne point être sorties de ce pays.

(2) Il nous a semblé intéressant d'indiquer, à la suite de l'énumération des seigneuries possédées par les familles, les châtellenies dans la circonscription desquelles se trouvaient ces seigneuries. Le nombre des châtellenies du Bourbonnais ne fut pas toujours le même ; lors de l'érection de la province en duché-pairie, il fut fixé à dix-sept, dont voici les noms : Moulins, Souvigny, Bourbon, Belleperche et Germigny comprenaient l'arrondissement actuel de Moulins et une partie du sud-est du Cher ; Montluçon, Murat, Hérisson, Ainay et La Bruyère-L'Aubespin se divisaient ce qui est devenu l'arrondissement de Montluçon et une partie du sud du Cher ; l'arrondissement de Gannat se divisait en quatre châtellenies : Gannat, Chantelle, Ussel et Verneuil ; enfin l'arrondissement de Lapalisse n'en formait que trois : Vichy, Billy et Chaveroche.

Les châtellenies étaient des divisions administratives et financières et le châtelain, leur premier officier, était l'agent du seigneur du pays.

Nous n'avons pas la prétention de donner, dans cet ouvrage, l'énumération complète des fiefs ou seigneuries que possédèrent les familles. Nous nous sommes même attaché à ne mentionner, autant que possible, que les seigneuries situées dans le Bourbonnais.

(3) Ces listes des alliances seront incomplètes pour beaucoup de familles : Il

Armoiries inconnues.

Archives de l'Allier (1).

D'AFFRY, v. de Calixte.

DES AGES, seigneurs de Laleuf, du Bois-de-Joux, de Souligny, du Luc, de Château-Chevrier, de Valigny, du Vivier, de Guay-Poisson, de La Refare, de Foulevin, originaires de La Marche, Limousin, Berry et Bourbonnais.

Châtellenies d'Hérisson, de Montluçon.

ALLIANCES : Du Bouchat, de Bressolles, de Maignat.

aurait été trop long et assez inutile de mentionner toutes les alliances de certaines familles dont la généalogie a été souvent imprimée ; d'un autre côté, nous sommes loin de posséder la filiation de toutes les familles dont il est question dans l'*Armorial*. Telle race féodale, connue depuis cinq ou six siècles, n'aura donc parfois que la mention de deux ou trois de ses alliances, tandis que le nom de telle autre, moins ancienne et moins marquante, sera suivi d'une longue énumération de familles alliées. L'indication des alliances nous a paru utile pour aider à faire connaître la position aristocratique des familles, et nous avons mieux aimé la donner imparfaite que de ne pas la donner.

(1) Voir, à la fin de l'*Armorial*, la bibliographie des ouvrages et des documents cités.

D'argent au lion de sable, armé et lampassé de gueules, couronné d'or. — Pl. V.

Noms féodaux. — Armorial manuscrit du Bourbonnais et de l'Auvergne, de Guillaume Revel. — Mémoire sur la Gén. de Moulins. — Histoire du Berry. — Archives de l'Allier.

On trouve la généalogie, ou du moins une partie de la généalogie de cette famille, dans l'*Histoire du Berry*, de Thaumas de La Thaumassière. Un sceau de Guillaume des Ages, de 1422, compris dans la collection Clairambault, porte un écu à un lion couronné, timbré d'un heaume à volets couronnés.

ALADANE DE PARAIZE, seigneurs de Paraize, Nivernais et Bourbonnais.

Châtellenie de Moulins.

ALLIANCES : Alarose, Besas, Beraud, de Culant, de La Roche, de Froment.

D'azur, à deux fasces d'argent, accompagné de six besants d'or, trois en chef, deux entre les fasces, et un en pointe. — Pl. V.

Tableau chronologique des Trésoriers de France. — Archives de l'Allier et de la Nièvre.

Les armoiries attribuées à cette famille par l'Armorial manuscrit de la Généralité de Moulins sont évidemment fausses. Nous donnons celles-ci d'après un ancien cachet

ALAMARGOT, seigneurs de Fontbouillant, du Cluzeau, de Villiers, de Grandchamp, de Châteauvieux, de La Durée, de Villeporte, de Mauvis, de Saint-Victor, de Montassiégé, de La Tourote, des Chapus, de Moleix, de Quinssaines, de Richemont, de La Grange-Garreau, des Maisons-Rouges et de Montigny, du Mas de Preuillac.

Châtellenies d'Hérisson, de Montluçon.

ALLIANCES : De Culant, Furet, Megret, Baubinet, Luillier, Des Champs, Cadier, d'Aubigny, Le Mercier, Le Mouton, Aujay, Tissandier, Bourdicaud, Robinet, d'Auriat, de La Richardie, Fourneau, Robin de Belair, Tardet, de Lambertye.

D'argent, à une pie au naturel. — Pl. V.

Noms féodaux. — Registres paroissiaux de Montluçon et de Montmarault. — Archives de l'Allier. — Arm. manusc. de la Gén. de Moulins.

ALAROSE, seigneurs de Beaume, de La Charnée, de la Bresne, de Beauregard, de La Mousse, des Morins, du Breuil.

Châtellenies de Bourbon, de Moulins.

ALLIANCES : Bonnet, Farjonel, Michelon, de Vinssat, Simonin.

D'azur, au chevron d'or, accompagné de trois roses d'argent.
— Pl. V.

Noms féodaux. — Tableau chronologique des Trésoriers de France. — Arm. manusc. de la Gén. de Moulins.

L'Armorial manuscrit attribue pour armes à cette famille : *D'argent, à une rose boutonnée, tigée et feuillée au naturel.* Nous pensons que le blason décrit ci-dessus est plus authentique ; il était porté par la famille au siècle dernier.

D'ALBEPIERRE AL. D'AUBEPIERRE, seigneurs d'Aubepierre.

Châtellenies de Moulins, de Souvigny.

ALLIANCE : Varsal.

Armoiries inconnues.

Archives de l'Allier.

D'ALBOST, seigneurs de Poifou, de Rochefort, de Beaupoirier.

Châtellenies de Vichy, de Billy, d'Hérisson.

ALLIANCE : De Pierrepont.

Armoiries inconnues.

Archives de l'Allier.

ALEAUME, seigneurs de Boudemange.

Châtellenies de Moulins.

ALLIANCES : De Lingendes, d'Espineux, de Ballerin, Maréchal.

Armoiries inconnues.

Noms féodaux. — Registres paroissiaux d'Iseure. — Arch. de l'Allier.

ALEXANDRE, seigneurs de Trenes, du Rouzat, de Luzillat, en Bourbonnais et en Auvergne.

Châtellenies de Gannat, de Montluçon.

D'azur, à trois aiglettes d'argent, becquées et membrées de sable. — Pl. V.

Noms féodaux. — Armorial de Guillaume Revel. — Nobiliaire d'Auvergne.

M. Bouillet mentionne cette famille dans son Nobiliaire d'Auvergne, et il lui donne pour blason : *D'argent, à l'aigle éployée de sable.* Probablement ces armoiries étaient celles de la branche d'Auvergne ; mais pour celle du Bourbonnais, nous adoptons l'écu donné par Guillaume Revel.

ALEXANDRE, seigneurs de Beausson, d'Andelot, de Blanzat, de Charbonnières, des Prugnes, de Fougerolles, du Péage, d'Origny.

Châtellenies de Belleperche, de Moulins.

ALLIANCES: Boudet, de Rissé, de La Salle, Audier, Keroys, de Courteux, Seiglière, de Gamaches, de Bigny.

D'or, au chevron de gueules, accompagné de trois molettes d'éperon de sable. — Pl. V.

Noms féodaux. — Tableau des Trésoriers de France. — Arm. manusc. de la Gén. de Moulins. — Archives de l'Allier.

ALLEMAND, seigneurs de Quinssat, de Pionsat.

Châtellenies de Billy, de Vichy.

ALLIANCE : Du Saray.

D'azur, au lion d'argent, au chef cousu d'azur, chargé de trois trangles ondées du second émail. — Pl. V.

Registre de maintenue. — Arm. man. de la Gén. de Moulins.

AMBLARD, seigneurs de Varennes.

Châtellenies de Billy, de Montluçon.

Armoiries inconnues.

Noms féodaux. — Bouillet, Nobil. d'Auvergne. — Invent. des titres de Bourbon.

AMIOT ou AMYOT, seigneurs de Vaumas, de Souye. Originaires de Lyon, Dombes et Bourbonnais.

Châtellenies de Souvigny, de Chaveroche.

D'azur, à trois Belettes (ou à trois hermines) d'argent, passant l'une sur l'autre. — Pl. V.

Arch. de l'Allier. — Mém. sur la Gén. de Moulins, *Armorial général du Lyonnais.* — Pernette, *Les Lyonnais dignes de mémoire.* — D'Assier, *Le Parlement de Dombes.*

La devise des Amyot, donnée par M. Steyert, dans son Armorial du Lyonnais : *Mori potius quam fœdari* semblerait indiquer que les animaux de leur écu seraient des hermines plutôt que des belettes. Toutefois nous ne pouvons nous prononcer, n'ayant vu ces armes que sculptées, sans coloration, au château de Bully en Lyonnais ; or les hermines et les belettes sont à peu près de même forme.

AMONIN, seigneurs de Neureux, du Bouis, des Granges.

Châtellenies de Moulins, de Verneuil.

D'argent, à l'aigle de sable, au chef d'azur, chargé de trois étoiles d'or. al. *D'or, à l'aigle de sable.* — Pl. V.

Noms féodaux. — Arm. manusc. de la Gén. de Moulins. — Arch. de l'Allier.

D'ANCINAY, seigneurs d'Ancinay, du Bosc, de Villeneuve.

Châtellenie d'Hérisson.

Armoiries inconnues.

Noms féodaux.

ANDRÉ AL. **D'ANDRÉ**, seigneurs de Vomas, de Bélair, de Saint-Victor, de Saint-André. Originaires de Lyon.

Châtellenie de Moulins.

ALLIANCES : Le Clerc, Palierne.

D'azur, au lion d'or rampant contre un mont d'argent,

donnant la patte dextre à une main mouvante d'une nuée d'argent au franc-canton. — Pl. V.

Archives de l'Allier. — Noms féodaux. — Armorial du Lyonnais.

D'ANLEZY, seigneurs du Plessis, de La Forest, de Pouzy, de Laugère, de Luzeray, de Montverin, de La Grange-au-Bois, des Vesvres, de Memetau, de Rouzières, de Brulhac, de Bouhault, de Saint-Loup. Originaires du Nivernais.

Châtellenies de Bourbon, de Belleperche, de Moulins, de Verneuil, de Germigny.

ALLIANCES : De Chevenon, Chenete, de Latour, Breschard, de Champrobert, Brissonnet, de La Roche.

De sinople, au lion d'or, armé et lampassé de gueules. — Pl. V.

Noms féodaux. — Invent. des titres de Nevers. — Arch. de l'Allier et du château d'Embourg. — Armorial de G. Revel. — Armorial du Nivernais.

Cette famille connue en Bourbonnais depuis les premières années du XIVe siècle, a sans doute une origine commune avec la famille nivernaise du même nom qui possédait au XIIIe siècle, la seigneurie d'Anlezy, près de Decize, bien que cette dernière ait porté des armoiries différentes. Les armes que nous avons décrites sont quelquefois écartelées *d'argent, à la tour de gueules ;* Guillaume Revel figure ainsi les écussons de Loys et d'Anthoine d'Anlezy. Nous avons trouvé le lion seul sculpté dans la chapelle seigneuriale de Montvesin, du XVe siècle, à

Neure, et dans la chapelle de Beaucaire de l'église de Saint-Martinien, laquelle date du XVIe siècle. Segoing décrit ainsi le blason de la famille qui nous occupe : *De sinople, semé de croisettes d'or, au lion de même brochant sur le tout*, et ce blason a dû en effet, être porté, avec les croisettes comme brisure de branche cadette, par quelques d'Anlezy. Dans le *Voyage en Bourbonnais* de Dubuisson-Aubenay, publié par la *Revue bourbonnaise*, il est fait mention des vitraux d'une chapelle de l'église de Bourbon-l'Archambault, où se remarquait l'écu au lion et aux croisettes ; voici le texte de Dubuisson : « Le dedans de la chapelle (la première à gauche) est paré « de grandes tombes......., autres armes toutes effacées en la « vitre, un escu de sinople au lyon d'or coronné, accompagné « de croisettes d'or en orle et en cœur, parti d'argent à trois « fasces d'azur, la plus aute chargée d'un croissant montant « d'argent. Il est cotoyé par deux cornes d'abondance. » Ces armoiries, dessinées sans doute au XVIe siècle, devaient être celle de l'un des d'Anlezy, possesseurs de la seigneurie des Vesvres, non loin de Bourbon, dans la première moitié du XVIe siècle, et de sa femme, dont nous n'avons pu retrouver le nom.

D'ARÇON, seigneurs d'Arçon, de Boirat, de Berton, de La Motte, de Chaténay, de Chastellus, de Martilly. Bourbonnais et Auvergne.

Châtellenies de Billy et de Chantelle.

ALLIANCES : De Beaucaire.

D'azur, au chevron d'or, accompagné de trois étoiles de même. — Pl. V.

Titres de la Maison de Bourbon. — Noms féodaux.

L'Histoire du Berry de Thaumas de la Thaumassière décrit ainsi le blason de cette famille : *D'azur, au chevron componé d'or et de gueules, accompagné de trois étoiles d'or.*

D'ARDENNE, seigneurs d'Ardenne, de Sechaut, de Sivray, de Biotière, de Villebain.

Châtellenies de Bourbon et de Souvigny.

ALLIANCES : Vigier, Dordane.

Armoiries inconnues.

Noms féodaux.

D'ARISOLLE, seigneurs d'Arisolle.

Châtellenie de Belleperche.

De sable, à trois losanges pommelés d'argent. —. Pl. V.

Armorial de Guill. Revel.

D'ARNOUX, seigneurs d'Uriat, de Maisons-Rouges ; barons d'Arnoux.

Châtellenie de Gannat.

D'or, à la fasce de sable, chargée de trois mouchetures de contr'hermine et accompagnée de trois roses feuillées de gueules. — Pl. V.

Noms féodaux. — Nobiliaire d'Auvergne. — Titre par ordonnance royale de 1817.

D'ASSY, seigneurs de La Touratte, de Pouzieux, du Bouchet, de Chandenay; Berry et Bourbonnais.

Châtellenies de Bourbon, d'Hérisson.

Alliances : De Saint-Maur, de May, Charbonnier, Bertrand, de Troussebois, du Peyroux.

D'argent, au lion de sable, armé et lampassé de gueules, et un chef de même, chargé de deux croissants d'argent adossés. — Pl. V.

Archives de l'Allier. — D'Hozier.

D'AUBAYRAC al. D'AUBEIRAC, seigneurs d'Aubayrac, de La Souchère.

Châtellenie de Chantelle.

D'argent, au lion de sable, et trois couronnes de gueules rangées en chef. — Pl. V.

Noms féodaux. — Guillaume Revel. — Nobil. d'Auvergne.

AUBERT, seigneur d'Ussel.

Châtellenies de Chantelle, d'Ussel et de Verneuil.

D'azur, à la bande d'argent, accompagnée de six étoiles de gueules mises en orle. — Pl. V.

On voit dans l'église d'Ussel, près de Chantelle, la statue tombale d'un chevalier de cette famille, de la fin du XIVᵉ siècle ou des premières années du XVᵉ, dont le bouclier est chargé d'une bande accompagnée de six étoiles à six raies mises en orle. Le blason de cette famille, dont nous donnons les émaux d'après Guillaume Revel, est à *enquerre*, c'est-à-dire qu'il porte couleur sur couleur. Nous faisons observer que l'on trouve fréquemment dans le Recueil du héraut d'armes Bourbonnais des irrégularités héraldiques de ce genre, en admettant toutefois que ce soient des irrégularités, car l'ancienneté de la règle de ne pas mettre couleur sur couleur, décrétée par les auteurs du XVIIᵉ siècle, ne nous paraît nullement prouvée.

AUBERT, seigneurs de Gravière, de Châtel-de-Neuvre, de Montaret, de Buffévent, de Bort.

Châtellenies de Billy et de Moulins.

ALLIANCES : Gouneau, Billard, Guynand, de Chalmoux, Viviers, du Mas, de La Goutte, de Vigenère, Auprevost.

D'azur, à la croix d'or. — Pl. V.

Archives de l'Allier. — Noms féodaux. — Armorial de la Généralité de Moulins.

On trouve aussi, dans l'Armorial de la Généralité de Moulins, des membres de cette famille, portant : *D'azur, à la croix de Malte d'argent, et trois oiseaux d'or rangés en chef.*

AUBERY, seigneurs d'Ardenne, de La Grange-des-Bois, de La Rigole, du Goutet, de La Trollière, des Chastres, de Saint-Maurice, du Plessis, de Paslière, de La Meschine, de La Tour, de La Tardivonnière, de Virjalais.

Châtellenies de Bourbon et de Billy.

ALLIANCES : Talon, Joly, Richard, Dominique, Roy, Guillouet, Semin, Loiseau, Josian, Doussier, Dosches, Gallais, Gascoing, Beaucousin, Vernoy.

D'azur, au chevron d'or, accompagné de trois têtes de dauphin de même. — Pl. V.

Archives de l'Allier. — Noms féodaux. — Dictionnaire de la noblesse. — Segoing. — Armorial de la Généralité de Moulins.

Quelquefois les têtes de dauphin sont d'argent ; ailleurs on trouve le chevron accompagné de trois dauphins d'argent allumés de gueules (Segoing). De cette famille, étaient Jean Aubery, médecin, intendant des eaux de Bourbon au commencement du XVIIe siècle, auteur de divers ouvrages, dont le nom se trouve dans les biographies ; et Jean-Henry Aubery, jésuite, frère du précédent, connu par des poésies.

D'AUBIGNY, seigneurs d'Aubigny, de Neureux, de Chameron, de Janzat, de La Lande, de Salvert, des Granges, de La Vernerie, d'Alligny, de Baunay, de Prédoré.

Châtellenies de Bourbon et de Chantelle.

ALLIANCES : De Toulon, de La Ramas, de Bonnay, du Bouchard, Cadier, de Bigny, de La Motte, Mareschal, Alamargot.

D'or, à la bande de gueules, chargée de trois lionceaux d'argent. — Pl. V.

Noms féodaux. — Guill. Revel. — Vertot, Histoire de Malte.

Les armes de cette famille se voient seules et parties de blasons d'alliance, à la clef de voûte et aux retombées des nervures de l'ancienne chapelle seigneuriale de l'église de Janzat, qui date de la fin du XVe siècle; on les voit aussi sculptées contre le mur terminal du transept sud de l'église de Lurcy-Lévy. La seigneurie de Neureux dépendait de la paroisse de Lurcy.

D'AUBRUNG, seigneurs de La Baume, de La Motte-du-Plessis, de Beauregard, de Boucheron, de Coche.

Châtellenie de Belleperche.

Armoiries inconnues.

Histoire des grands officiers de la Couronne. — Registres paroissiaux du Veurdre et de Bagneux.

AUDIAT, seigneurs de Bresnay. Combrailles et Bourbonnais.

Châtellenies de Moulins et de Montluçon.

ALLIANCES : Deschiers, Coffin.

Ecartelé : aux 1 et 4 d'azur, à la rose d'argent et aux 2 et 3, échiqueté d'argent et d'azur. — Pl. VI.

Archives de l'Allier. — Armorial de la Généralité de Moulins.

AUDIER D'ARFEUILLES, seigneurs de Douzon. La Marche et Bourbonnais.

Châtellenie de Gannat.

ALLIANCES : Audier, de Breschard, du Buysson, Alexandre.

Armoiries inconnues.

Cette famille que l'on trouve grandement possessionnée en Bourbonnais à la fin du XVIIe siècle et au XVIIIe était peut-être un rameau de la famille Audier, du Limousin, dont le *Nobiliaire de la Généralité de Limoges* de l'abbé Nadaud donne une généalogie abrégée et qui portait : *D'azur, à trois lions léopardés d'or, lampassés de gueules, l'un sur l'autre.*

AUJAY, seigneurs de La Buxerolle, de Grosbost, de Montebras, de Logère, de Lestang, de La Dure.

Châtellenie de Montluçon.

ALLIANCES : Robinet, Menault, Des Champs, Raby, de La Buxerolle, Guérin.

D'argent, à la fasce échiquetée d'or et de gueules de trois traits. al. *Echiqueté d'argent et de sable au lion de gueules brochant sur le tout.* Un ancien cachet de la famille donne encore : *D'argent à un chevron de gueules, accompagné de trois aiglettes au vol abaissé du même.* — Pl. VI.

Noms féodaux. — Armorial de la Gén. de Moulins.

AUMAISTRE, seigneurs de Rosnel, de Sarre, de Ranciat, de Chirat-Guérin, des Carrons, de Doulauvre, des Ferneaux, de Gravière; barons de Saint-Marcel-en-Murat.

Châtellenies de Moulins, de Murat, de Chantelle, de Verneuil.

ALLIANCES: Noyer, Guy, Dinet, Hastier, de Louan, de Saint-Mesmin, Josse de La Berche, de Chouvigny, de Baglion, Billard, Bonnet, de Bonnefoy, Barathon, de Mariny, Jobier, Bourderie, Mayet, Raffier, Redon, Porthon, Meilheurat, Arnaud, Le Roy de Chavigny.

D'azur, à la fasce d'or, accompagnée en chef de trois étoiles d'argent, et en pointe d'un croissant de même. — Pl. VI.

Arch. de l'Allier. — Noms féodaux. — Arm. de la Gén. de Moulins. — Registres paroissiaux d'Iseure et de Montmarault. — Hist. abrégée de la ville de Lyon. — Armorial du Lyonnais.

L'Eloge historique de la ville de Lyon mentionne un Mathieu Aumaistre, baron de Saint-Marcel, seigneur de Sarre et de Ranciat, chevalier d'honneur au présidial de Moulins, qui fut échevin de Lyon en 1691. Ses armes qui figurent sur un jeton d'échevinage de Lyon, étaient: *De gueules, à trois losanges d'or;* il était bien de la même famille que les autres; on trouve fréquemment son nom dans les registres paroissiaux de Montmarault. Un autre Aumaistre fit enregistrer à l'Armorial de la Généralité les armes suivantes: *D'azur, au chevron d'or, accompagné de trois coquilles d'argent.*

D'AUREUIL, seigneurs d'Aureuil, de La Tour, de Soullas.

Châtellenies de Bourbon, de Murat, d'Hérisson.

ALLIANCES : De La Motte d'Apremont, Le Blanc, de La Baume.

D'argent, à la tour de gueules, maçonnée et ajourée de sable à dextre, et, à senestre, un lion de sable, armé et lampassé de gueules, rampant contre la tour. — Pl. VI.

Noms féodaux. — Archives de l'Allier.— Inventaire de Bourbon.— Guill. Revel, Histoire des grands officiers de la Couronne.

AUROUX, seigneurs de La Moutière, des Pommiers.

Châtellenies de Montluçon et de Moulins.

ALLIANCES : De Chacaton.

D'azur, à trois roses d'argent. — Pl. VI.

Archives de l'Allier. — Armorial de la Gén. de Moulins.

D'AUTRY, seigneur d'Autry.

Châtellenie de Bourbon.

Armoiries inconnues

Noms féodaux.

D'AVENIÈRES, seigneurs d'Avenières, de Chirat-Guérin, de Douzon, du Pleix, de Lochy, de Montaleu, de Montet, de Crotet, de Verfeu, de Saint-Aubin, de Marzat, de La Faye. Bourbonnais et Nivernais.

Châtellenies de Chantelle, de Montluçon, de Verneuil, de Murat, de Bourbon.

ALLIANCES : Celerier, de Champrobert, de Montet.

De gueules, à trois gerbes d'or. — Pl. VI.

Inv. de Bourbon. — Archives de la Nièvre. — D. Caffiaux. — Noms féodaux. — D. Coll. — Segoing. — Guichenon, Hist. de Bresse et de Bugey. — Arch. du Rhône. — Inventaire de Marolles. — Armorial du Nivernais.

Segoing et Guichenon ajoutent aux gerbes un écusson d'hermine en abîme, qui fut sans doute la brisure de la branche nivernaise des seigneurs d'Anlezy, car la famille d'Anlezy portait : *D'hermine à la bordure de gueules.* Les armes de cette famille sont sculptées, avec les trois gerbes seulement, sur un tombeau du XV⁰ siècle qui se voit sous le porche de l'église de

Saint-Aubin, dont la seigneurie était possédée à cette époque par les d'Avenières.

Le sceau de Philippe d'Avenières, chevalier, attaché à une charte de 1380, de la collection de Clerembault, porte un écu à trois gerbes.

D'AZAY, seigneurs d'Azay.

Châtellenies d'Hérisson, de Chantelle.

Armoiries inconnues.

Noms féodaux.

BABUTE, seigneurs de Froidefont, de Chastel-en-Boucé, de Boucé, de Vevoux, de Quinsat. Originaires de Bourbonnais, en Berry et en Nivernais.

Châtellenies de Moulins, de Billy, de Germigny, de Vichy.

ALLIANCES : De La Porte, de Vaudeter.

D'argent, à trois fleurs de pensée d'azur. — Pl. VI.

Inv. de Bourbon. — Arch. de l'Allier et de Boucé. — Noms féodaux. — La Thaumassière, Hist. du Berry. — Dict. de la Noblesse. — Arm. manusc. du Nivernais. — Armorial du Nivernais.

La Thaumassière a fait une erreur en décrivant l'écu de cette famille : *Palé d'argent et d'azur, au chevron de gueules brochant sur le tout ;* ce blason est celui de la famille de Fontenay, dont les Babute du Nivernais seuls écartelèrent leurs armoiries, par suite du mariage de Gaspard Babute avec Philiberte de Fontenay, qui lui apporta en dot la baronnie de Saint-Pierre-du-Mont, en 1541. L'historien du Berry donne la filiation des Babute depuis le commencement du XV° siècle ; mais, dès le XIV°, cette famille avait une assez grande position à Moulins, comme nous le voyons dans les archives de l'Allier et dans les *Noms féodaux*. Ce fut probablement Jean Babute, secrétaire et maître de la chambre de Louis II, duc de Bourbon, qui fit construire à Moulins l'hôtel Babute, connu maintenant sous le nom d'hôtel de Demoret.

BADIER, seigneurs de Verseille, de Moulin-Neuf, du Bouchet, de Cerezat, de Chazeuil ; marquis de Verseille. En Bourbonnais et en Provence.

Châtellenies de Billy, de Verneuil, de Murat.

ALLIANCES : De Chervier, Cornil, de La Ville, Semin, du Plessis.

D'azur, au sautoir composé de quatre rayons de soleil d'or. — Pl. VI.

Noms féodaux. — Archives de l'Allier. — Etat de la Provence. — Dict. de la Noblesse.

La Chesnaye-des-Bois se trompe en faisant venir cette famille de l'Auvergne, elle est originaire du Bourbonnais ; la branche aînée resta dans cette province, tandis que la branche cadette s'établit en Provence, en 1590, par le mariage de Gilbert Badier avec Catherine de Fabre. La branche du Bourbonnais a fourni plusieurs officiers généraux au XVIII° siècle. Voir la généalogie de cette famille dans le *Dictionnaire de la Noblesse.*

BAILLARD DES COMBAUX, seigneurs de La Motte-Morgon, de Beaurevoir, de Chervil. Originaires du Languedoc, Bourbonnais et Auvergne.

Châtellenie de Billy.

ALLIANCES : De Troussebois.

Ecartelé : aux 1 et 4 d'or, au rameau de trois palmes de sinople ; et aux 2 et 3 d'azur, au croissant d'argent, accompagné de trois molettes d'éperon d'or. — Pl. VI.

Archives de l'Allier. — Dict. de la Noblesse. — Chevillard.

La Chesnaye des Bois donne une généalogie de cette famille depuis le commencement du XVIe siècle. Dans le *Dictionnaire héraldique* de Jacques Chevillard, les armes des Baillard sont figurées sans l'écartelure du croissant et des molettes.

DE BALORRE, v. IMBERT.

DE BAR, seigneurs de Blotange, de Clusers, de Paray, des Barres, de Bannègre-sur-Allier. Originaires d'Auvergne, Bourbonnais, La Marche.

Châtellenies de Chaveroche, de Moulins, de Bourbon.

D'azur, au bar d'argent, accosté de six étoiles d'or rangées en pal, trois de chaque côté du bar. — Pl. VI.

Selon le *Nobiliaire d'Auvergne* de M. Bouillet, cette famille porte pour armes : *Parti, au 1 de gueules, au croissant tourné d'argent, accompagné de huit étoiles de même en orle ; et au 2 d'or, au chevron d'azur, chargé de trois étoiles du champ*, et tel est en effet le blason adopté maintenant par ses membres ; mais nous avons à mentionner ici la branche du Bourbonnais, et nous donnons son écu tel que nous le trouvons dans l'Armorial de Guillaume Revel. Notre opinion, du reste, est que le croissant actuel n'est autre chose qu'une dégénérescence du bar qui figurait dans le blason primitif de la famille ; la numismatique et la sigillographie du moyen-âge offrent de fréquents exemples de cette altération des types primitifs, et sans remonter aussi haut, nous pourrions citer nombre de blasons ainsi dénaturés. Nous essayons de faire ici du blason archéologique, nous préférerons donc toujours les autorités les plus anciennes.

BARATHON, seigneurs des Places, des Granges, du Batards, du Mas-tout-y-fault, du Thivaudet.

Châtellenies d'Hérisson, de Gannat.

ALLIANCES : Bonnellat, Barthomirat, de Fougères.

Ecartelé aux 1-4 de gueules à trois quintefeuilles d'argent, aux 2-3 d'azur à un dauphin d'argent. — Pl. VI.

BARBARA, seigneur de la Grange-Perreau.

Châtellenie de Moulins.

ALLIANCES : Guichard.

Armoiries inconnues.

Tableau chronologique.

BARBARIN ou DE BARBARIN, seigneurs de Beuvron, de Goulais, de Boisfarnaux, de Saint-Georges, de La Flette, de Chaudon, de Meslon. Bourbonnais et Forez.

Châtellenies de Gannat, de Vichy, d'Ainay.

ALLIANCES : Le Long, de Mauvoisin, de Vignolles, Le Brun, du Vernet.

Ecartelé : aux 1 et 4 d'argent, à deux bars adossés de gueules ; et, aux 2 et 3, d'argent, à une figure humaine de gueules barbée et chevelée d'or. — Pl. VI.

Archives de l'Allier. — Guill. Revel. — Mém. sur la Gén. de Moulins.

Guillaume Revel mentionne un Jean Barbarin, gentilhomme des confins du Bourbonnais et du Forez, qui portait les armes décrites ci-dessus. Ce sceau était-il de la même famille que les Barbarin que nous trouvons, aux XVIIe et XVIIIe siècle, avec des qualifications nobiliaires et de bonnes alliances? Cela est probable, mais non prouvé.

BARBE, seigneurs de Champrouet, de La Pommeraye, de La Brière, de Luçay, de La Forest, d'Avrilly. Bourbonnais et la Marche.

Châtellenies de Bourbon, de Moulins.

ALLIANCES : Richard, de La Celle, Feraut, Mercier, de Bonnefoi, de Garillant, Cottereau, Sauvet.

D'azur, à la tête de Janus (ou à deux faces) d'or, au chef cousu de gueules chargé d'une croix d'argent. — Pl. VI.

Noms féodaux. — Tableau chronologique. — Megret.

Dans un petit ouvrage extrêmement rare de Jean Megret, ancien Trésorier de France en la Généralité de Moulins, intitulé : *Généalogie de quelques nobles familles du Bourbonnois* (Moulins 1685), se trouve une généalogie des Barbe depuis le milieu du XVᵉ siècle, avec les armoiries décrites ci-dessus. L'Armorial général donne seulement la tête à deux faces pour blason à Léonard Barbe, écuyer, seigneur de Cornissat, de la branche de La Marche.

DE BARBERIET ou BARBEYRET, seigneurs de Barberiet, de Bonnefont, de Martillet.

Châtellenie de Chantelle.

Armoiries inconnues.

Noms féodaux.

BARDET, seigneurs du Segureta, de La Gre-
lière, de Brion, de La Ribaudière, de Fromenteau,
de Saint-Julien.

Châtellenies de Moulins et de Chaveroche.

ALLIANCES : Simon de Quirielle, Morin, Baril-
lier, Chevalier, Clément, Cathelin, Preveraud.

*D'argent à deux bars de gueules adossés, et une plante de
joubarbe en pointe. — Pl. VI.*

Archives de l'Allier. — Noms féodaux. — Registres paroissiaux d'Iseure. — Armorial de
la Généralité de Moulins.

BARDON, seigneurs du Meage, de La Garenne,
de La Motte-Morgon, de Chemilly, des Versins, de
Preaux, du Peroux, de Prevel, de Belesme, des
Noquets, de Montilly, de Montcoquier.

Châtellenies de Billy, de Moulins.

ALLIANCES : De Lingendes, Girard, Chastellier,
Fillaud, de Lappelin, de Champfeu, Chrestien,
Perrot, de Bosredon, de Moustier, Coiffier, Gaudon,
de Villars, de La Roche, de Vic, du Ligondez, de
Sicaud, de Berthet, de Revanger, Urien de La
Guesle, de Préaud.

*Ecartelé : aux 1 et 4 de..... au tronc d'arbre écoté, et aux 2
et 3, de..... au cœur. — Pl. VI.*

Il est assez singulier qu'on ne trouve nulle part, même pas dans l'Armorial général, la description des armes de cette famille, marquante en Bourbonnais au XVIIe et au XVIIIe siècle. Nous donnons son blason d'après l'écusson gravé sur la tombe de *Catherine Chrestien, veuve de François Bardon, escuyer, seigneur du Meage, La Motte Mourgon*, etc., morte en 1690, tombe qui est conservée au Musée de Moulins.

BARDONNET, seigneurs de La Chabane, de Gondailly, du Chivan, du Lagai, des Noix, des Martels, de Togue, de La Toulle, de Cressanges, de Neuville, vicomtes de Bardonnet.

Châtellenies de Billy, de Moulins.

ALLIANCES : L'Huillier, Cotte, Fromenton, Ettenne, Sallé.

D'azur, à deux barres ondées, et trois étoiles entre les barres, le tout d'argent. — Pl. VI.

Nous donnons ces armes d'après un jeton frappé pour un maire de Moulins de cette famille, au XVIIIe siècle. Voici la description de cette pièce rare, dont un bel exemplaire se voit au Musée de Moulins : Bo[t]. BARDONNET. EC[ier]. C[les]. AU P[dial]. MAIRE, grènetis au pourtour ; dans le champ, un écu ovale, aux armes que nous avons décrites ci-dessus, placé sur un cartouche et timbré d'une couronne de comte. ℞. PATRIÆ MUNUS, grènetis au

pourtour; dans le champ, un écu aux armes de Moulins sur
un cartouche, timbré d'une couronne à coquilles.

Saint-Alais a donné dans le *Nobiliaire universel*, une généalogie des Bardonnet, auxquels il attribue, dans son Armorial,
le blason suivant : *D'azur, à la barre d'argent, accompagnée
en chef d'un soleil d'or, mouvant de l'angle dextre, et en pointe
d'une tige de trois lys du second émail, terrassée de sinople.*
Ce nouveau blason fut sans doute adopté par la famille quand,
sous la Restauration, le titre de vicomte fut conféré à son chef.

DE BARRAL, seigneurs de Jaligny, comtes de Barral. Originaires du Dauphiné.

Châtellenie de Chaveroche.

ALLIANCES depuis l'établissement en Bourbonnais de Pierre François, comte de Barral, né le
30 décembre 1745, chevalier de Malte : — De La
Motte, de Mondreuille, Jennings, de Conny.

*De gueules aux trois bandes d'argent, au chef cousu d'azur
chargé de trois cloches d'argent.* — Pl. VI.

DES BARRES, seigneurs du Breuil, de Voroz, de Blaud, de Franchesse, de Chaumay, de Costurre, de La Villatte, de Neuvy-sur-Allier. Originaires de la Brie, du Berry, du Bourbonnais et Nivernais, etc.

Châtellenies de Chantelle, d'Ainay, de Germigny, de
Bourbon.

De sinople, à la croix ancrée d'or. Al. *D'or, à la croix ancrée
de sinople.* — Pl. VI.

Invent. des Titres de Nevers. — Noms féodaux. — Arm. de Gilles Le Bouvier. — Guillaume Revel. — Paillot, Dict. de la Noblesse, etc.

Le tome XXe des *Mémoires de la Société des antiquaires de
France* renferme une intéressante notice de M. Grésy sur Jean
des Barres et sur sa maison, illustre par son ancienneté, par le
rang considérable qu'elle a tenu du XIIe siècle à la fin du XIVe
et par les grands hommes qu'elle a produits. Guillaume Ier des
Barres, seigneur d'Oisery près de Dammartin au XIIe siècle,
fut la tige des cinq branches de la famille, dont l'une appar-
tient au Nivernais et au Bourbonnais. L'auteur de cette branche fut Guillaume, dit le Jeune, seigneur de La Guerche,
nommé *Willelmus de Barris, dominus Guercie*, dans une
charte de 1217 des Archives de la Nièvre, cinquième fils de
Guillaume Ier, qu'Hervé, comte de Nevers, par un traité passé
à Melun en 1215, donna pour caution, avec Pierre, son frère,
et d'autres seigneurs, à Louis de France, comte d'Artois (*Histoire de la maison de Vergy*, p. 408).

M. Grésy affirme que la branche de La Guerche s'éteignit
en 1391 : En effet, les barons de La Guerche finirent à cette
époque, mais un rameau de cette branche existait encore sur
les confins du Bourbonnais et du Berry au commencement du
XVIe siècle, comme on peut s'en convaincre par l'étude de
l'*Inventaire des titres de Nevers*, des *Noms féodaux*, et du *Dictionnaire des titres originaux du cabinet du chevalier Blon-
deau de Charnage*. A ce rameau appartenaient : Loys des
Barres, dont le blason, *De sinople, à la croix ancrée d'or*, est
donné par Guillaume Revel ; Jacques des Barres, seigneur de
Neuvy-le-Barrois à la fin du XVe siècle; Louis des Barres, aussi
seigneur de Neuvy, maître d'hôtel du Dauphin, fils aîné de
François Ier, dont nous avons publié dans notre *Essai sur la*

numismatique Bourbonnaise, un jeton dont voici la description : FRANÇOIS : DAVPHIN : DE : VIENNOIS : entre filets. Dans le champ, un écu écartelé de France et du Dauphiné ℞. ✝ LE : BARROYS : DES : BARRES : Mᵉ : DHOSTEL : entre filets, dans le champ, un écu à une croix ancrée; Antoine des Barres, dont la statue tombale du XVIᵉ siècle, décorée d'écussons à une croix ancrée, est conservée au château d'Apremont (Cher); enfin François des Barres, dit Le Barroys, seigneur de Neuvy en 1603 (Archives de la Nièvre).

M. Grésy dit qu'avant d'aller à la croisade, Guillaume des Barres, seigneur de La Guerche, portait : *Barré d'argent et de sable* et, qu'au retour de la guerre sainte, il prit une croix recerclée de sable, traversée d'une bande, sur fond d'argent, que ses descendants conservèrent. La branche Niverno-Bourbonnaise porta toujours en effet dans son blason une croix *recerclée* ou *ancrée*, qui fut tantôt de *sinople sur champ d'or*, comme on la trouve dans l'Armorial de Gilles Le Bouvier, tantôt *d'or sur champ de sinople*, comme la figure Guillaume Revel. Nous croyons toutefois que cette croix ne fut pas propre aux seigneurs de La Guerche et à leurs descendants. En effet, le sceau de Pierre des Barres, frère de Guillaume, appendu à une charte de 1221 des archives de France (J. 237), et ceux de deux autres personnages de cette maison décrits dans l'*Inventaire* de M. Douët d'Arcq, portent un écusson à une croix ancrée. La branche des seigneurs d'Oisery avait adopté pour blason : *Losangé de gueules et d'or*.

DE BARREYS, seigneurs de Valverney, de Sorbiers, de Folliraoux, de Montramblart.

Châtellenies de Chaveroche, de Verneuil, de Billy.

ALLIANCES : De La Chapelle.

Armoiries inconnues.

Noms féodaux. — Archives de Boucé.

BARRIN, seigneurs de Ruilliers, de Mazier, des Granges, des Forges.

Châtellenies de Verneüil, de Chaveroche.

Alliances : Mignot.

D'azur à trois papillons d'or. — Pl. VI.

Nems féodaux. — Registre de Maintenue.

BARTHELATS al. **BERTHELAS**, seigneurs de la Palayde, du Detail, des Pènes, des Morins, de Saint Haon le Vieux, Chancé, la Guilhaumie, des Bérauds, d'Arpheuillette, etc. Originaires du Forez.

Châtellenie de Billy.

Alliances : D'Arcon, Mareschal, Feydeau, du Vernoy, Michon de Chancé, de Cochardet, de Flachèrés, Gaget de Livron, de Laval d'Arlempdes, Duclaux de l'Estoille, Dieudonné de Lachenaye, de

Semyn, de Gineston, Vernin, d'Aigrepont, Durieu de Lacarelle...

Châtellenie de Billy.

D'azur, au tigre passant au naturel. — Pl. VI.

D'Hozier.— Arch. nat.—Armor. gén. du Lyonnais.— Registres paroissiaux de Varennes. — Archives de famille.

DE BARTILLAT, v. JEHANNOT.

DE BASERNE, seigneurs de Champeroux, de Saint-Léger-de-Bruyères, du Pin, de Montperroux, de Long-Estrées. Originaires de l'Auxerrois, en Bourbonnais, en Nivernais et en Bourgogne.

Châtellenies de Chaveroche, de Bourbon.

De gueules, à trois pals de vair, au chef d'argent chargé d'une fleur de lys au pied nourri de sable. — Pl. VI.

Noms féodaux. — Guillaume Revel. — La Thaumassière. Hist. du Berry. — Hist. des grands officiers de la Couronne.

Branche cadette de la maison de Tocy-Baserne, issue de Regnaut de Baserne, dit Barberin, seigneur de Champeroux, fils d'Anséric II de Tocy, seigneur de Baserne, et de Pierre-Pertuis, et de Guillierme de Montfaucon. On trouve la filiation de cette branche dans La Thaumassière. Les armes de la maison de Tocy sont données par tous les auteurs : *De gueules, à trois pals de vair, au chef d'or chargé de quatre merlettes de gueules ;* nous préférons l'écu reproduit par Guillaume Revel, qui fut sans nul doute celui de la branche bourbonnaise.

BATAILLE, seigneurs de Beaulieu.

Châtellenie de Gannat.

D'azur, à deux épées d'argent en sautoir, les pointes en bas, chargées d'un cœur de gueules, et un chef cousu d'azur, chargé de trois étoiles d'argent, soutenu d'une devise de même. — Pl. VI.

Registres par. de Gannat. — Arm. de la Gén. de Moulins.

On trouve aussi, dans l'Armorial général, ces armes décrites d'une manière un peu différente : *D'azur, au cœur de carnation, percé de deux épées en sautoir la pointe en bas, au chef cousu de gueules, chargé de quatre étoiles d'or*

DE BAUDREUIL, seigneurs de Lamotte-Baudreuil, de Fontallier. Originaires du Nivernais, Bourbonnais, Normandie et Picardie.

Châtellenie de Belleperche.

ALLIANCES : De Vaux, Le Bourgoing, de Bar, d'Abancourt, Le Tort, d'Auberville, de Termes, de

Fouquesoles, de Roussy, de Villers, de Cherie, de
Cauteleu, Ferrand, Rillart, Lescarbotte, de Beaufort, de La Fons, Meniolle de Cizancourt, Mathieu
de Gomiécourt, de Fitte de Soucy, Tirouflet, de
Xavier, de Beaufort, de Saint-Ouen d'Ernemont.

D'argent, à trois cœurs de gueules, couronnés de même. —
Pl. VII.

Archives de la Nièvre et de Decize. — Inventaire des Titres de Nevers. — Preuves pour
l'Ecole militaire au cabinet des Titres.

La charge de garde du scel de Saint-Pierre-le-Moustier
(Nièvre) fut héréditaire, de la fin du XIVe siècle aux premières
années du XVIe, dans cette famille, qui prenait son nom du
fief de Baudreuil, ou Baudreuille, près de Saint-Pierre, bien
que l'on trouve toujours ce nom écrit Baudreuil et non de Baudreuil dans les chartes du XVe siècle. Une branche des Baudreuil
s'éteignit, au XVIe siècle, dans une branche de la famille Rapine,
du Nivernais, qui en écartela les armes, tandis qu'une autre
branche, qui avait repris le nom de de Baudreuil, s'établissait
en Bourbonnais, puis passait en Normandie et en Picardie, où
elle est encore représentée.

Le plus ancien monument héraldique de la famille est un
petit sceau de Durand Baudreuil, garde du scel de Saint-Pierre-
le-Moustier, appendu à une charte de 1479 des Archives de la
Nièvre ; ce sceau porte un cœur. L'Eglise de Decize (Nièvre)
renferme un beau rétable sculpté en pierre, de la seconde moitié
du XVIe siècle, donné par Jean de Vaux, seigneur de Germancy,
et par Marie de Baudreuil, sa femme, qui y sont figurés avec
leurs armoiries ; celles de la femme sont trois cœurs couronnés.
Le blason des deux Baudreuil, abbés de Corbigny, est ainsi
figuré dans un manuscrit de la Bibliothèque nationale (*Docu-
menta Monastica*, t. III) : *Ecartelé : aux 1 et 4, fascé d'azur et
d'argent de quatre pièces, à trois cœurs de gueules couronnés
d'or brochant, les cœurs sur les fasces d'argent, les couronnes*

sur les fasces d'azur ; et aux 2 et 3, de l'abbaye de Saint-Martin-aux-Bois, dont ces personnages étaient abbés. Cet écusson fascé paraît avoir été adopté seulement par quelques membres de la famille, dont le blason fut et est encore aux trois cœurs couronnés seuls. Dans les preuves que Charles-Louis de Baudreuil présenta, en 1745, pour être admis à l'Ecole militaire, les cœurs sont dits *enflammés de gueules,* mais c'est évidemment une erreur causée par un mauvais dessin des couronnes.

Une généalogie des Baudreuil est imprimée dans la nouvelle édition de d'Hozier.

BAUGY, seigneurs de Rochefort, des Garnauds.

Châtellenies de Souvigny, de Moulins.

ALLIANCES : Chabre, Genin, Hastier, Derest, de Vicq, Morel, Roy, Dumont, Touraud, de La Mousse.

D'azur, à trois palmes d'or. — Pl. VII.

Arch. de l'Allier. — Noms féodaux. — Reg. par. de Besson. — Tableau chronologique. — Arm. de la Gén. de Moulins.

L'Armorial manuscrit donne à un membre de cette famille un blason un peu différent : *D'or, à trois palmes de sinople rangées en pal,* celle du milieu soutenue d'un croissant de gueules. Nous avons préféré le premier écusson, que nous avons vu sculpté au château de Rochefort, près de Besson.

BAYART, seigneurs de Bassignat, de Neuville, de La Font-Saint-Margeron, de Lourdye, de Langlard. Auvergne et Bourbonnais.

Châtellenies de Gannat, de Chantelle.

ALLIANCES : De Veyny, Mallet, de La Roque, de Villard, Dufrène.

D'azur, au croissant d'argent. — Pl. VI.

Arch. de l'Allier. — Noms féodaux. — Reg. par. de Gannat. — Armorial de la Généralité de Moulins.

BAYLE ou BAISLE, seigneurs de La Motte-Baudreuil, du Fée ; Barons de Poncenat.

Châtellenies de Billy, de Verneuil.

ALLIANCES : De Saron, Gaudon.

D'azur, à trois chevrons, et un rocher, mouvant de la pointe de l'écu, le tout d'argent. — Pl. VII.

Noms féodaux.— Reg. par. de Montaigu-le-Blin. — Registre de maintenue. — Mémoires des Intendants. — Arm. de la Gén. de Moulins.

Nous ne pensons pas que cette famille, noble et bien apparentée du reste aux XVIIe et XVIIIe siècle, descende de celle dont parle le *Nobiliaire d'Auvergne* de M. Bouillet, que cet ouvrage donne comme ayant possédé la baronnie de Poncenat et qui portait : *De gueules, au lion d'argent.*

DE BEAUCAIRE, al. DE BEAUQUAIRE,

seigneurs de Vernassou, de Jonsay, du Thel, de Villaloubret, de Puyguillon, du Bouchet, de Laugiet, de Bordes, de Boilliers, de Thilay, de Lienesse, de Saint-Agnan, de Noyers, de Bonneau, de La Creste, de Saint-Désiré ; marquis de Beaucaire.

Châtellenies d'Hérisson, de Murat, de Montluçon, de Chantelle, de Souvigny, de Verneuil, d'Ainay.

ALLIANCES : De Montcheurose, de Cornusset, Raphrix, de Rollat, de Vaulx, de Boucé, de Montjournal, d'Anlezy, d'Avenières, de Montfan, d'Alègre, Babute, de Bonneau, Leroy, Thévenin, de Neuchèse, du Château.

Ecartelé : aux 1 et 4 d'azur, au léopard lionné d'or ; et aux 2 et 3 de gueules, à la croix ancrée d'argent. — Pl. VII.

Archives de l'Allier. — Inventaire de Bourbon. — Noms féodaux. — Guillaume Revel. — Hist. du Bourbonnais. — Biogr. universelle. — Segoing, Le Roy d'armes.

Il est probable que les armoiries primitives de cette famille d'ancienne chevalerie portaient le léopard lionné seul, mais on trouve ce blason avec l'écartelure de la croix ancrée, dès le commencement du XVe siècle. Nous l'avons vu ainsi écartelé sur un sceau de Bleynet de Beaucaire, appendu à une charte de 1403 ; l'écu y est timbré d'un casque, avec une tête de lion pour cimier : Guillaume Revel le donne ainsi cinq fois, et enfin il se voit seul et parti des armoiries des Montjournal, des d'Anlezy et des d'Avenières, à la clef de voûte et aux retombées des nervures d'une chapelle du commencement du XVIe siècle, dans l'église de Saint-Martinien, près de Montluçon. L'animal qui figure dans ce blason n'est pas toujours non plus le même : sur le sceau dont nous avons parlé, qui est assez fruste, il nous

14

a semblé voir un léopard lionné ; Guillaume Revel donne un lion d'or, armé et lampassé de gueules ; à Saint-Martinien c'est un léopard.

A cette famille appartenait François de Beaucaire, né en 1514 en Bourbonnais, qui fut évêque de Metz, abbé de Saint-Germain-d'Auxerre et de Régny. Ce prélat suivit le cardinal Charles de Lorraine au Concile de Trente, où il parut avec beaucoup d'éclat. Son histoire se trouve dans toutes les biographies.

Le nom de cette famille se trouve écrit dans les chartes *Beaucaire*, *Beauquaire*, *Beauquayre* ou *Beauquère*.

DE BEAUDÉDUIT, seigneurs de Beaudéduit.

Châtellenie de Gannat.

De gueules, au gonfanon d'or. — Pl. VII.

Guillaume Revel. — Nobiliaire d'Auvergne.

DE BEAULIEU, seigneurs de Beaulieu, de Chastelet et de Saint-Laurent.

Châtellenies de Billy, de Moulins.

ALLIANCES : Quinaud, Aubert, Caillet, du Bost.

Armoiries inconnues.

Archives de l'Allier.

DE BEAUREGARD, seigneurs de Cousture, de Monallit, de Flandres.

Châtellenies d'Hérisson, de Montluçon, de Murat.

Echiqueté d'argent et d'azur. — Pl. VII.

Noms féodaux. — Guillaume Revel.

DE BEAUVERGER, seigneurs de Beauverger, de Saulzet, de Passat, de La Malherée, de Lestenois, Barons de Montgon.

Châtellenie de Gannat.

Alliances : Des Forges, de Chabannes, de Chouvigny, de La Rochefoucaud, de Bonnevie, de Chazeron, de La Fouchière.

Burelé d'argent et d'azur, flanqué d'hermine. — Pl. VII.

Noms féodaux, — Vertot, Hist. de Malte. — Arm. de la Gén. de Moulins. — Nobiliaire d'Auvergne.

Les armes de cette famille se voient sculptées en divers endroits du château de Saulzet, près de Gannat, élégante construction des dernières années du XVe siècle, dont les girouettes découpées offrent le même blason. Nous ne serions pas éloigné de croire que la famille de Beauverger, dont une branche se fondit dans celle de Cordebeuf, n'est autre qu'une famille Blanc qui posséda Saulzet pendant le XIVe et le XVe siècle. Cette famille aura son article.

DE BEAUVOIR, v. LE LOUP.

DE BÈGUES, seigneurs de Bègues.

Châtellenie de Gannat.

Armoiries inconnues.

Noms féodaux. — Invent. de Bourbon.

BELIN.

Châtellenies de Montluçon et de Moulins.

D'argent à un cœur de carnation ailé, le vol abaissé d'azur, au chef de sable, chargé de trois étoiles d'or. — Pl. VII.

Arm. de la Gén. de Moulins.

DE BELLENAVE, seigneurs de Bellenave.

Châtellenie de Chantelle.

Armoiries inconnues.

Titres de Bourbon — Archives du château de Bellenave. — Noms féodaux. — Ancien Bourbonnais. — Nobiliaire d'Auvergne.

« La seigneurie de Bellenave, dit M. Bouillet, située à trois
« lieues de Gannat, a été le berceau d'une famille distinguée,
« connue depuis l'an 1201 par divers hommages, échanges et
« transactions avec les sires et ducs de Bourbon, sous les dates
« de 1245, 1344, 1377, 1378, 1394 et 1453. » Il y eut en effet une
première famille de Bellenave qui possédait la seigneurie de
ce nom sans doute dès l'origine de la féodalité, mais qui ne la
possédait plus tout entière au XIIIe siècle. Nous trouvons
dans les *Titres de la maison ducale de Bourbon* (t. I, p. 28 et
37) parmi les actes relatifs à cette seigneurie, une charte de mai
1227 par laquelle Archambaud, sire de Bourbon, et Roger de
Bellenave transigent à raison de la seigneurie du château de
Bellenave qui devra rester commune entre eux par moitié, puis
une autre charte, de février 1234, relative aux limites de la seigneurie de Bellenave et à son partage entre les deux personnages ci-dessus nommés.

Ce Roger et son fils, nommé aussi Roger, mentionné dans
un acte de 1245 étaient de cette première famille qui ne portait
point le nom patronymique de Jehan, qui, d'après les Archives
du château de Bellenave, aurait été celui d'une seconde maison
de Bellenave, dont nous parlerons.

DE BELLENAVE, v. JEHAN, LE LOUP et DU TOUR DE SALVERT.

DE BELLEPERCHE , seigneurs de Belle-perche.

Châtellenie de Belleperche.

De..... au croissant. — Pl. VII.

Ancien Bourbonnais.

Nous donnons, sous toutes réserves, les armes de cette
famille, fort anciennement éteinte, qui prit son nom de la seigneurie de Belleperche, sur les bords de l'Allier, laquelle
devintplus tard le chef-lieu d'une châtellenie du Bourbonnais.
L'*Inventaire de la collection des sceaux* de Clérembault renferme la description des sceaux de trois personnages du nom
de Belleperche que nous pensons pouvoir rattacher à la famille
bourbonnaise: celui de Jean, chevalier, de 1298, porte un écu
à un *croissant accompagné en chef d'un lambal* et, *en pointe
d'une fleur* de lys; celui de Mahieu, de 1369, est chargé d'un
écu à *un croissant* et *un lambal;* et celui de Robert, sire de
Belleperche, de 1354, n'offre sur l'écu qu'un *croissant*. Nous
n'avons pas besoin de faire observer que les meubles héraldiques qui accompagnent le croissant sur les deux premiers
sceaux sont des brisures.

Nous ne croyons pas que Pierre de Belleperche, qui fut
évêque d'Auxerre, puis chancelier de France en 1303, puisse
être rattaché à cette famille ; il avait simplement pris son nom
du lieu de sa naissance (V. *Hist. des grands officiers de la
Couronne*, t. VI, p. 298).

BEQUAS, seigneur des Monceaux, de Bort.

Châtellenies de Moulins, de Billy.

ALLIANCES : Dinet, Gauthier, Noyer, Roussel,
d'Espineu, des Fontaines, Clerjaut.

Armoiries inconnues.

Archives de l'Allier.

BERAUD, seigneurs de Givry, de Besson, de Neuville, de La Lande.

Châtellenies de Verneuil, de Souvigny, de Murat.

ALLIANCES : De Neuville.

Armoiries inconnues.

Noms féodaux.

BERAUD, seigneurs du Reray, de Paray, des Rondards, de La Matherée, de Poissons, de Froux, de Paccaud, de Chamaillaud, de Vougon, de Venoux, de Fraigne, de Sanceaux, de Marjas, de Valvinaud, de La Bourgonnerie.

Châtellenies de Belleperche, de Bourbon, d'Ainay.

ALLIANCES : Vauvrille, Perraton, Metenier, Gascoing, Fayollet, Bonnet, des Maignoux, de Lá Trollière, Trochereau, de Champfeu.

D'argent, à la main de carnation parée d'azur, mouvant à

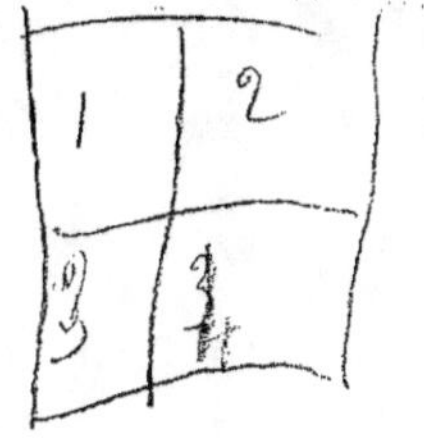

dextre, tenant une branche d'olivier de sinople, un cœur en-
flammé de gueules en pointe, et une étoile d'azur à senestre.—
Pl. VII.

Noms féodaux. — Archives de l'Allier. — Registres paroissiaux d'Iseure. — Tableau chronologique. — Arm. de la Gén. de Moulins. — Preuves de Diaco, de Malte aux Archives du Rhône.

BERAULT.

Châtellenie de Moulins.

Alliances : De Villaines.

D'azur, au cerf d'or, au chef d'argent, chargé de trois mo-
lettes de sable. — Pl. VII.

Arch. de l'Allier. — Arm. de la Gén. de Moulins.

BERGER, al. BERGIER, seigneurs de Patry, de Bessy, de Montcoquier, de La Brosse, de Cheurais, de Jaunay, de Saint-Didier, de Boue, des Thonin, de Guillotière.

Châtellenies de Moulins, de Montluçon.

Alliances : Feydeau, Fortin, Doutre, Duret, Rousseau, du Moretz, de La Souche, de Damas.

D'azur, au mouton d'argent, et trois roses de même rangées en chef. — Pl. VII.

Noms féodaux. — Archives de l'Allier. — Archives du château du Ryau. — Registres paroissiaux de Chemilly.

BERGERON DE CHARON, seigneurs de La Perche.

Châtellenie d'Ainay-le-Château.

ALLIANCES : De Pierre, Brune, de La Vigne, de La Chapelle, Patureau, Bonnet, Le Riche, de Guibert, Busson, Huguet, Rousseau, Robin, Béguin, Bourdeaux, Luylier, Fauvre-Labrosse, Gagneux, Gobin, Berthomier, Duché.

D'azur à un chevron d'or accompagné de trois rochers de même, dont deux en chef et un à la pointe de l'écu. — Pl. VII.

Armorial général.

BERNARD, seigneurs du Mazet, de La Vernue, de Coutansouze.

Châtellenies de Chantelle, de Gannat.

ALLIANCES : Thévenin.

Armoiries inconnues.

Noms féodaux.

BERNUÇON, seigneurs de Févrinière, du Puy, de Berres, de Fayau, de Canivet, de Perons, de La Motte-Saint-Loup, de Grosbois, de Mazerat, de La Gravère, de Boisvres, de Jorsat.

Châtellenies de Billy, de Gannat, de Verneuil.

Armoiries inconnues.

Noms féodaux.

BERTHET, seigneurs de Martillière, du Tremblet, de Teillat, de Rillat, de Puydigon, de Bardinière, de Balmon, de Chantegret, de Plaveret.

Châtellenie de Billy.

ALLIANCES : Jacquinet, de Cornelle, de Murat, Treille, Moulins, de Manissy, de La Tour, de Vollier, Rapine de Sainte-Marie, Ponthenier, Fougerelles, Bardon, Gravier, Le Bel, Chabrier, Gros, Jobert, du Verne, Bracon, de Rochefort.

D'azur, à trois lionceaux d'or. — Pl. VII.

Noms féodaux. — Arch. de l'Allier. — Registres paroissiaux de Créchy. — Saint-Allais, Armorial de France. — Mém. sur la Gén. de Moulins.

Les armes d'Antoine Berthet, écuyer, seigneur de Teillat, au commencement du XVII⁰ siècle, accolées à celles d'Anne de Fradel sa femme, se voient dans la chapelle de l'église de Créchy qui appartenait à la seigneurie de Teillat.

BERTHOMIER, seigneurs de La Grange, de La Villette, des Prots.

Châtellenies de Montluçon, d'Ainay.

ALLIANCES : Thonier, Pélisson.

De gueules, au chevron d'argent, accompagné en pointe d'une gerbe d'or ; au chef cousu d'azur, chargé de deux étoiles d'or. Alias : *De sinople au lion de vair* (Arm. Gén.)— Pl. VII.

Reg. par. de Montluçon. — Arch. de l'Allier. — Titres de la famille.

BERTRAND, seigneurs de Paslière, de Lix, de Saint-Georges, de Chaumères, de Villemor, de Chamonceau, du Chassaing, de Matha, de Serre, de Beuvron, de Beaumont, de Boueix, de Chezèle. Bourbonnais et Berry.

Châtellenies d'Hérisson, de Murat.

Alliances : Le Groing, Aubert, de Giverlay, de Bigny, Cadier, de Roffignac, de Fontenay, Jonas, Ajasson, Denis, de Barbezieux, Des Champs.

Losangé de gueules et d'hermine. — Pl. VII.

Noms féodaux. — Guillaume Revel. — Vertot, Hist. de Malte. — La Thaumassière.

La généalogie de cette famille, qui a fourni deux chevaliers de Malte au XVIIe siècle, se trouve dans l'*Histoire du Berry* de La Thaumassière, et dans le *Livre d'or* de M. de Magny. Les armes des Bertrand sont indiquées quelquefois : *Losangé d'hermine et de gueules*, on les trouve ainsi dans Guillaume Revel.

DE BESSAY, al. DE BEÇAY, seigneurs de Bessay.

Châtellenie de Billy.

Armoiries inconnues.

Ancien Bourbonnais.

DE BESSON, seigneurs de Besson, de Vernullet.

Châtellenies de Souvigny, de Billy, de Murat.

D'azur, à cinq besants d'or, posés en bande. — Pl. VII.

Noms féodaux. — Arch. de l'Allier.

DE BIGNE, seigneurs de Chery, de La Tour.

Châtellenie de Souvigny.

ALLIANCES : Des Escures, de Troussebois.

Armoiries inconnues.

Arch. de l'Allier. — Noms féodaux. — Reg. par. de Souvigny.

On conserve au Musée de Moulins une épitaphe de 1532, dans laquelle il est question de plusieurs membres de cette famille. Cette inscription provient de l'ancien couvent des Cordeliers de Champaigre, près de Souvigny.

DE BIGNY, seigneurs de Bigny, de Neufvy, du Breuil-des-Barres, du Coudray, de Charmeil (1)

(1) Nos lecteurs seront peut-être étonnés de ne pas voir ici l'énumération des nombreux fiefs que posséda la famille de Bigny ; mais nous répétons que nous avons tâché de ne faire figurer dans l'*Armorial* que les possessions bourbonnaises des familles. On doit comprendre toutefois que, malgré le soin que nous avons pris de suivre cette règle, certaines seigneuries étrangères à la province seront mentionnées et que d'autres du Bourbonnais seront certainement omises.

barons de Preveranges ; comtes d'Ainay-le-Viel ;
marquis de Bigny et de Margival.

Châtellenies de Billy, d'Hérisson, d'Ainay.

ALLIANCES : De Chevenon, de Montespedon, de
Bonnay, d'Aubigny, de L'Hopital, Le Long, L'Or-
fèvre, de Saint-Père, Popillon, de Château-Bodeau,
de Courtenay, de Longueval, de Gamaches, etc.

*D'azur, au lion d'argent, accompagné de cinq poissons de
même.* — Pl. VIII.

Noms féodaux. — Armorial de Gilles Le Bouvier. — Hist. des grands officiers de la Couronne. — Dict. de la Noblesse. — Hist. du Berry. — Roy d'armes. — Arm. du Nivernais.

L'ancienne famille de Bigny se fondit, en 1402, dans celle de
Chevenon, originaire du Nivernais, qui en prit le nom et les
armes. *L'Histoire des grands officiers de la Couronne* indique ses armoiries comme étant semées de poissons, mais
nous ferons remarquer que sur ses anciens sceaux on ne trouve
jamais que cinq poissons ; il en est de même sur le tombeau de
Pierre de Bonnay et de sa femme, Anne de Bigny, à Trevol,
près Moulins, et sur le revers d'un jeton de Jean d'Albret-Or-
val, comte de Dreux, qui porte les armes de Claude de Bigny,
seigneur d'Ainay-le-Viel, gouverneur de la Bastille, lequel
fut, en 1524, exécuteur testamentaire de ce prince. Nous avons
décrit ce jeton dans notre *Essai sur la numismatique Nivernaise,* p. 118.

La généalogie de la famille de Bigny se trouve dans l'*Histoire du Berry*, et dans l'*Histoire des grands officiers de la
Couronne.*

BILLARD, seigneurs de Troet, de Fougières.

Châtellenie d'Hérisson.

ALLIANCE : De Culan.

Armoiries inconnues.

Noms féodaux.

BILLARD, seigneurs de Corgenay, des Griauds, de Martillat, de La Presle, de Saint-Mayart, des Gravières, du Preynat.

Châtellenies de Moulins, de Billy.

ALLIANCES : Poullet, Semyn, de La Tour, Roy, Constant, de La Croix, Guérin, de Chamboran, Josian, de Grandval.

De gueules, au lion d'or, au chef cousu d'azur, chargé de trois roses d'argent. — Pl. VIII.

Arch. de l'Allier. — Regist. paroissiaux de Neuvy, de Billy, de Saint-Révérien, de Boucé. — Arm. de la Gén. de Moulins.

Peut-être cette famille, à laquelle appartenait le poète Claude Billard de Corgenay, était-elle la même que celle dont nous venons de parler ; nous ne savons rien de positif à cet égard.

DE BIOTIÈRE, seigneurs de Biotière, de La Grange, de Chassincourt, de La Roche-Othon, de Maniol, de Marçay, des Malets, de Mauvize, de Marsage, de Bauton, des Magnoux, de Pontcharraud, de Pichounier, de La Mothe-Personnière, de Bozzon, de Poissonnière, de La Bussière, du Clos, de Chevronne, de Besson, de Chamilly, de La Rivière, du Plessis, des Issarts, de Beau ; marquis de Tilly.

Châtellenies d'Ainay, de Bourbon, de Chantelle, de Murat, de Montluçon, de Souvigny.

ALLIANCES : De La Jarrye, Rodillon, de Ville-lume, de La Louère, de Chambon, Barathon, Lalot, de Ginestoux, de Louan, de Robinière, Souchalot.

D'azur, à la croix ancrée d'argent, surmontée d'une rose d'or, et un chef d'argent, chargé d'un lion léopardé d'azur, armé et lampassé de gueules. — Pl. VIII.

Noms féodaux. — Arch. de l'Allier. — Guill. Revel. — Mém. sur la Gén. de Moulins. — Hist. du Berry. — Dict. de la Noblesse. — Arm. de la Gén. de Moulins. — Regist. paroissiaux de Montmarault.

On trouve la généalogie de cette famille dans l'*Histoire du Berry* et dans La Chesnaye des Bois. Ses armes, telles que les donne Guillaume Revel, semblent parties de celles de Beaucaire ; elles sont en effet : *Parties d'argent, à une rose de gueules, et d'un coupé de gueules et d'azur, le gueules à une croix ancrée d'argent, et l'azur, au lion d'or, armé et lampassé de gueules.* Il est aisé de voir que le blason moderne de cette famille a été composé d'après cet ancien écu ; nous donnons ce blason tel que le décrit l'Armorial manuscrit, et tel du reste que nous l'avons vu peint sur des portraits au château de Beau, près de Besson, ancienne possession de cette famille.

BLANC, seigneurs de Saulzet, de Vignolles, de Vondat, de Langlard, du Poirier.

Châtellenies de Gannat, de Chantelle.

Alliances : Jordan d'Etrechy, d'Avenières, de l'Estang.

Armoiries inconnues.

Arch. de l'Allier. — Noms féodaux.

Nous avons dit plus haut que nous pensions que cette famille était la même que celle de Beauverger.

BLANCHARD, seigneurs d'Anglard, de Parcenat.

Châtellenies de Bourbon, de Montluçon, de Chantelle.

Alliances : De Pringy, Eschalon.

Armoiries inconnues.

Noms féodaux.

DE BLANCSFOSSÉS, seigneurs de Blancs-fossés, du Meuble, de Trisy.

Châtellenies de Moulins, de Bourbon.

ALLIANCE : De Bourbon.

Armoiries inconnues.

Titres de Bourbon. — Noms féodaux.

DE BLASSON, seigneurs de Blasson, du Ryau, de Pontcharraud, de Seinebourse.

Châtellenies de Moulins, de Verneuil.

ALLIANCES : De La Perrine, d'Anlezy, de Champrobert.

Armoiries inconnues.

Noms féodaux. — Arch. du château du Ryau.

DE BLOT, v. DE CHOUVIGNY.

BODELIN, baron de l'Empire.

Ecartelé : au 1 d'or, à la cuirasse de sable, traversée en pal d'une massue de même, sommée d'un casque aussi de sable ; au 2 de gueules, à l'épée d'argent en pal (signe des barons tirés de l'armée), *au 3 de sable, à la levrette la tête couronnée d'or, tenant de la patte dextre une épée en pal d'argent, et la sénestre appuyée sur un bouclier d'argent, chargé en abîme d'une étoile d'azur ; et au 4 d'azur, à la pyramide d'argent maçonnée de sable.* — Pl. VIII.

Armorial de l'Empire, par H. Simon.

Le baron Pierre Bodelin, général de la Garde Impériale, naquit à Moulins, en 1764.

BODINAT, seigneurs de Panloup, de La Motte, des Prots.

Châtellenie de Moulins.

ALLIANCES : Chauvel, de Chaumont, Fouchier, Simard, de Jas, de Réclenne, Conny.

De gueules, au chevron d'or, accompagné de trois palmes de même, celles du chef couchées en chevron, celle de la pointe en pal. — Pl. VIII.

Arch. de l'Allier. — Regist. paroissiaux d'Yzeure.

BOIROT, seigneurs des Serviers.

Châtellenies de Gannat, de Montluçon.

ALLIANCES : Graillot, Bourdaloue.

Armoiries  ; *D'azur au Chevron d'or, accompagné de 3 étoiles du même, les 2 en chef sommées de 2 oiseaux affrontés d'argent.*

Archives de l'Allier.

DU BOIS, seigneurs du Bois, de Saint-Hilaire, de Munet, de Latay, de Bélé, de La Molère.

Châtellenies de Bourbon, de Moulins.

De gueules, semé de molettes d'argent, au lion d'or, brochant sur le tout, et une bordure engrelée de sable. — Pl. VIII.

Noms féodaux. — Guill. Revel.

Ce nom est si commun et se reproduit sous tant de formes, jusque dans des familles identiquement les mêmes, soit pour l'orthographe, soit pour la traduction du latin en français, qu'il est bien difficile de distinguer les diverses familles du Bois, qui ont été possessionnées en Bourbonnais ; toutefois nous pensons que trois ont eu une certaine importance dans la province : celle dont nous venons de décrire les armes et les deux dont nous allons parler.

DU BOIS, seigneurs de Chambon-Rouge, de Puy-à-Guet, de La Brosse, de Chaseuil, de Butavant.

Châtellenies de Billy, de Chaveroche.

D'or, à trois lions léopardés d'azur, armés et lampassés de gueules, l'un sur l'autre. — Pl. VIII.

Noms féodaux. — Guill. Revel.

DU BOIS, seigneurs de Sarretin, de Chaugy, de Chevannes, du Vieux-Cérilly, de Biozay, de Mozères, de Bohan.

Châtellenie de l'Aubépin.

De gueules, à deux bandes d'or. — Pl. VIII.

Noms féodaux. — Guill. Revel.

DE BOISESTORAL al. **DE BOISESCO-TAL**, seigneur de Boisestoral, de Cleau(?), de Saint-Bonnet, de Maugarni.

Châtellenies de Moulins, de Souvigny, de Verneuil.

Alliance : De Haes.

Armoiries inconnues.

Noms féodaux.

DE BOISRENAUD, v. RENAUD DE BOIS-RENAUD.

DE BOISROND. seigneurs de Boisrond, de Beauvoir, de Vaure, de Boutefeu.

Châtellenies de Chantelle, de Montluçon.

Alliance : Des Arbres.

D'azur, à la fasce cousue de sable, accompagnée de trois fleurs de lys de gueules rangées en chef, et en pointe de deux tiges de fleurs de sinople. — Pl. VIII.

Noms féodaux. — Guill. Revel.

DE BONAND, seigneurs de Montaret, de La Pommeraye, de Corgenay.

Châtellenie de Souvigny.

De sinople, à trois têtes de cerf d'argent. — Pl. VIII.

Noms féodaux. — Regist. paroissiaux de Coulandon, de Besson.

DE BONANT, seigneurs de Boucé, de Lonce, de Saint-Pourçain.

Châtellenies de Billy, de Verneuil.

ALLIANCE : De Monz.

De..... à trois coquilles. — Pl. VIII.

Noms féodaux. — Recueil d'Epitaphes.

On voyait autrefois, dans le cloître de l'abbaye de Sept-Fonts, une tombe gravée au trait, offrant la figure d'un chevalier vêtu de mailles, les mains jointes, son écu chargé de trois coquilles ; on lisait autour de cette tombe les mots suivants écrits en lettres capitales gothiques : ☩ HIC IACET DOMIN RADVLPHVS DE BONAN MILES QVI OBIIT DIE MERCVRII ANTE FESTVM..... M° CCC° II REQVIESCAT IN PACE AMEN. Une autre épitaphe, portant les mêmes armoiries, se trouvait aussi à Sept-Fonts, elle indiquait la tombe d'Isabelle de Monz, femme de Raoulet de Bonan, damoiseau, morte en 1321. Nous avons trouvé les dessins de ces tombes et ceux de plusieurs autres, dont nous aurons occasion de parler, dans un recueil d'épitaphes, provenant de la collection Gaignières, aux manuscrits de la Bibliothèque nationale.

DE BONNAY, seigneurs de Précy, de Demoret, du Bessay, de Vomas, marquis de Bonnay,
pairs de France. Originaires du Berry, Bourbonnais
et Nivernais.

Châtellenies d'Ainay, de Moulins, de Chaveroche.

ALLIANCES : De Sancerre, de Monterne, de
Grassay, de Demoret, de Bigny, de Lorris, Damas,
de La Perrière, Mareschal, Babute, Fouet de Dorne,
de Monestay, Amyot, Des Champs, de Maumigny,
Blondet, Lucquet, Favre, de Marcelange, de Neuchèse, Razoïr du Croïx, de Gaudry, Dorat, du
Boisguy, Boigues.

*D'azur, au chef d'or, au lion de gueules, couronné de même,
brochant sur le tout.* — Pl. VIII.

Arch. de l'Allier. — Noms féodaux. — Armorial manusc. de Gilles Le Bouvier. — Roy
d'armes. — Preuves des comtes de Lyon, à la Biblioth. de Lyon. — Registres paroissiaux de
Cossaye (Nièvre). — *Hist. des pairs de France.* — *Biographie universelle.*

L'Inventaire des sceaux de la collection Clérembault donne la
description des sceaux de quatre membres de cette famille : Le
plus ancien, de Renaul de Bonnay, chevalier, de 1369 porte un
écu à *un chef et un lion brochant*, cet écu penché, timbré d'un
heaume, supporté par un lion et un griffon ; un autre, de Robert
de Bonnay, chevalier, de 1379, offre un écu à un chef, au lion
brochant, portant sur l'épaule un écusson à une bande, accompagnée..... Cet écu timbré d'un heaume cimé d'une tête de
héron, supporté par deux lions, avec cette légende : SEEL ROBER
DE BONNAI. Un autre Robert de Bonnay, chevalier, avait en 1419
un sceau dont l'écu penché, timbré d'un heaume avec cimier
de tête de héron, porte un lion ; enfin le plus moderne, de Jean
de Bonnay, chevalier, sénéchal de Toulouse, attaché à une

charte de 1430, porte un écu au lion couronné à la fasce en devise brochant, cet écu penché, timbré d'un heaume à lambrequins, cimé d'une tête de héron ; dans le champ, des rinceaux fleuris, avec cette légende en lettres minuscules gothiques :
S. IEHAN : DE BONNAY

On voit dans le chœur de l'église de Trevol, près de Moulins, la pierre tombale de Pierre de Bonnay, chevalier, seigneur de Demoret, de Dienne, etc., conseiller et chambellan des ducs Jean et Pierre de Bourbon, mort en 1533, et de sa seconde femme Anne de Bigny ; cette dalle offre les figures gravées au trait d'un chevalier armé de toutes pièces, et d'une dame couverte d'un voile ; un lion et un chien sont couchés aux pieds de ces personnages, dont les têtes reposent sur des coussins ; les figures et les mains sont incrustées en marbre blanc. La cotte d'armes du chevalier porte les armes de la famille de Bonnay ; ce même blason se voit à la clef de voûte et aux retombées de la chapelle seigneuriale de Demoret, dans la même église.

La dalle funéraire dont nous venons de parler formait le dessus d'un sarcophage en pierre, dont les côtés, portant ses épitaphes et des armoiries finement sculptées, sont conservés sous le porche d'entrée du cimetière de Trevol.

La généalogie de cette famille se trouve dans le grand ouvrage de M. de Courcelles, mais les branches du Bourbonnais y sont données d'une manière incomplète, et les armoiries des alliances y sont peu exactes. A cette famille appartenait le marquis de Bonnay, pair de France, lieutenant-général des armées du roi, ministre d'Etat et membre du conseil privé du roi Louis XVIII, etc., dont la vie se trouve dans toutes les biographies.

DE BONNEFOY, seigneurs du Mont, d'Arisolles, de Chirat, de La Chage, de La Borde ; barons de Bonnefoy.

Châtellenies de Murat, de Montluçon, d'Hérisson, de Moulins.

ALLIANCES : De Culant, Aumaistre, de Marpont, Bodeau de La Faye.

D'azur, à la fasce d'or, accompagnée en chef de deux étoiles de même, et en pointe d'une foy d'argent. — Pl. VIII.

Noms féodaux. — Arch. de l'Allier. — Tabl. chronolog. — Arm. manusc. de la Gén. de Moulins.

Le champ des armoiries de cette famille est quelquefois de gueules ; on les trouve aussi simplement : *D'azur, à une foy d'argent.*

BONNELAT, seigneurs de La Garde, de Chirat, des Plantons.

Châtellenie de Chantelle.

ALLIANCES : De Basmaison, Bonnelat.

Armoiries inconnues.

Archives de l'Allier.

BONNET ou DE BONNET, seigneurs d'Avocourt, de La Garde, de Gouzon, d'Argentières. Berry et Bourbonnais.

Châtellenies de Moulins, d'Ainay, de Montluçon.

ALLIANCES: De La Forest, Bergeron, Beauregard.

De sable, au chien courant d'argent. — Pl. VIII.

Archives de l'Allier. — Armorial Général.

BONNETON, seigneurs de Maugras, de La Valdaix. Originaires du Dauphiné, en Bourbonnais et en Auvergne.

Châtellenie de Chantelle.

D'azur, à trois rocs d'échiquier d'or, posés 2 et 1. — Pl. VIII.

Noms féodaux. — Nobil. univ. de de Magny.

DE BONNEVIE, seigneurs de Poignat, de Lavort, de Marcillat, de Mézières, de La Motte, de Persignat, de La Vernière, comtes de Bonnevie; barons de l'Empire. Originaires d'Auvergne, en Forez et en Bourbonnais.

Châtellenie de Gannat.

Ecartelé : aux 1 et 4 d'azur, à trois bars d'argent en fasce,

accompagnés de trois étoiles de même rangées en chef, qui est
de Bonnevie ; *et aux 2 et 3 d'azur, semé de fleurs de lys d'or, à
la tour d'argent maçonnée de sable, brochant sur le tout*, qui
est de La Tour d'Auvergne. — Pl. VIII.

Noms féodaux. — Guill. Revel. — Nobil. d'Auvergne. — Lainé, etc.

Telles sont les armes que porte actuellement cette famille ;
l'écartelure de La Tour d'Auvergne fut prise à cause du mariage
de Jean-Marie de Bonnevie, chevalier, seigneur de Pogniat, etc.,
avec Jeanne de La Tour d'Auvergne, en 1714 ; mais son écusson
ancien est ainsi figuré dans l'Armorial de Guillaume Revel :
*D'argent, à trois fasces ondées de gueules, au chef cousu d'ar-
gent, chargé de quatre fleurs de lys du second émail*. Il est probable que les fasces ondées ont été prises pour des Bars qui en
affectent un peu la forme. *L'Armorial de l'Empire* blasonne de
la manière suivante l'écusson de Guillaume-Gilbert de Bonnevie, créé baron en 1811 : *Ecartelé : aux 1 et 4 d'azur, à la fasce
d'or accompagnée de trois fers de lance d'argent rangés en
chef, et en pointe de trois poissons l'un sur l'autre de même ;
au 2 d'azur, à la muraille crénelée d'or ; et au 3 d'azur, à la
tour crénelée d'argent, maçonnée de sable.*

La généalogie de cette famille se trouve dans les *Archives de
la noblesse de France* de M. Lainé et dans la *Revue historique
de la Noblesse*.

DES BORDES.

Châtellenie de Billy.

*De sable, au chevron d'argent, accompagné de trois fleurs
de lys de même.* — Pl. VIII.

Guill. Revel. — Nobil. d'Auvergne.

DE BORNAY, seigneurs de La Menas.

Châtellenie de Chaveroche.

ALLIANCES : De Boucé, de Betoullat, du Gué, de Theneuilles.

Armoiries inconnues.

Archives de l'Allier et du château de Boucé.

DE BORT, ou DE BORD, seigneurs de Bort, du Peschin, de Grandfont ?

Châtellenie de Chantelle.

ALLIANCE : De Montassiégé.

Armoiries inconnues.

Arch. de l'Allier.

Nous croyons cette famille tout à fait différente de celles du même nom mentionnées dans le *Nobiliaire d'Auvergne.*

DE BOSREDONT, seigneurs de Manon, du Mas, de Chemilly, de Gennetines, etc., comtes de

Bosredont. Originaires d'Auvergne, Berry et Bourbonnais.

Châtellenies de Souvigny et d'Ainay.

Alliances : Des Champs, Collin, de Dreuille.

Ecartelé : aux 1 et 4 de gueules, au lion d'or couronné de même, et aux 2 et 3 de vair. — Pl. VIII.

Archives de l'Allier.— Revue historique et nobiliaire.—Armorial de la Gén.de Moulins, etc.

M. Tardieu a publié, en un volume gr. in-4° (Clermont-Ferrand, 1864), la Généalogie fort détaillée de cette ancienne et fort noble famille auvergnate, dont quelques membres seulement habitèrent le Bourbonnais. Voir au sujet du blason des Bosredont, la *Revue d'histoire nobiliaire*, 1re année, p. 247 et suiv.

BOUCAUMONT, seigneurs des Gamachons, de La Brosse, de La Presle, de Montfaud.

Châtellenies de Billy, de Chantelle.

Alliances : Quesson, Tourret, Burelle, Hennequin, Deffontis, Pelligot, Ripoud, Doniol, de Matharel, de Wautier.

D'argent, au bouc de sable, rampant contre une montagne de sinople. — Pl. VIII.

Arch. de l'Allier. — Noms féodaux. — Arm. de la Gén. de Moulins. — Tableau chronologique.

DE BOUCÉ al. DE BOCÉ, seigneurs de Boucé, de Bassechère, d'Eschalette, de Poncenat, de Quinsac, de Chastel-en-Boucé, de Gayette, du Méage.

Châtellenie de Billy.

ALLIANCES : De La Garde, de Paray, de Bornay, du Puy, de Bellenave, de Neuville, de Gayette, de Thomassin, de Bourbon.

Armoiries inconnues.

Archives de l'Allier et du château de Boucé.

DE BOUCHEROLLES, seigneurs de Poignat, de La Rochette, Vaudelin.

Châtellenie de Gannat.

ALLIANCES : Astorgue, de Falvard, d'Englard, du Peyroux, de Bosredont.

D'azur, à deux chevrons d'or, accompagnés de trois étoiles de même. — Pl. VIII.

Preuves de la famille de Bosredont, aux Archives du Rhône (Preuves de Malte).

BOUCHET, seigneurs de La Bougalerie, de La Ras.

Châtellenie de Chantelle.

ALLIANCE : De Godinière.

Armoiries inconnues.

Archives de l'Allier.

DU BOUCHET, seigneurs de Minerolle, de Grosloup.

Châtellenies de Billy, de Moulins.

ALLIANCES : Rousset, Nanetat.

Armoiries inconnues.

Archives de l'Allier.

BOUGAREL, seigneurs de Marmignolles, de La Place, des Barriaux.

Châtellenies de Moulins, de Chantelle.

ALLIANCES : Giraud, Chocheprat.

Armoiries inconnues.

Archives de l'Allier.

DES BOUIS, seigneurs de Sallebrune, de Villard, du Pontet, de Pérassier, de La Courcelle.

Châtellenies de Billy, de Bourbon, de Montluçon, de Murat.

ALLIANCES : Pin, Chabre.

D'azur, au chevron d'or, accompagné de trois glands de même. — Pl. IX.

Archives de l'Allier. — Noms féodaux. — Tableau chronologique. — Armorial de la Gén. de Moulins.

DU BOUIS, seigneurs du Bouis, de Villatte, d'Arfeuille, de Ferret, de Guillonnière.

Châtellenies de Moulins, de Montluçon, de Souvigny.

ALLIANCES : De Saint-Aubin, de Chambon, Chevalier, Preslier, du Bouis, Deléage.

D'or, à la bande d'azur, bordure de gueules, chargée de cinq besants d'argent. — Pl. IX.

Archives de l'Allier. — Armorial de la Gén. de Moulins. — Noms féodaux.

DU BOUYS, seigneurs du Bouys, de Pravier, de Roche, de Vallière, de Villatte.

Châtellenies de Bourbon, Montluçon, Moulins.

ALLIANCES : De Bonand, de Bouillé, de Brujas, Durye, de Garidel, Heuilhard, Deléage, de Montigny, Ogier des Forges, etc.

D'azur, au chevron d'or, accompagné de trois branches de buis d'argent. — Pl. IX.

Nous ne donnons les armes de cette famille que sous toutes réserves, ne les connaissant que par un ancien cachet.

Registres paroissiaux de Neuvy-les-Moulins. — Etude notariale Thibaud-Beauregard, minutes de l'étude Vacher, Cérilly. — Noms féodaux. — Archives de famille.

BOUQUET, seigneurs des Chaux, de Chazeuil, de la Brière, de la Grye, d'Espagny, de Lignières, de La Genèvre, des Pins. Originaires du Quercy, Forez et Bourbonnais.

Châtellenie de Chaveroche.

ALLIANCES : De La Treille, Vialon, de La Grye, Mallay, Mourier des Gayets, Meilheurat, de Riberolles, des Marets, Berger.

D'azur, au chevron d'or, accompagné de trois roses d'argent. — Pl. IX.

Noms féodaux. — Arch. de l'Allier. — Armorial de la Gén. de Moulins. — Cahier de la Noblesse du Bourbonnais. — Armorial du Lyonnais, Forez et Beaujolais. — Armorial du Forez.

La branche forézienne de cette famille, représentée par M. le comte de Laire d'Espagny, neveu et fils adoptif de M. le comte Bouquet d'Espagny, et par M. Bouquet de La Grye, écartelle le blason décrit ci-dessus : *D'azur, à trois étoiles d'or, au chef d'argent,* qui est de La Grye, ancienne famille du Forez éteinte dans cette branche des Bouquet.

DE BOUQUETERAUT, al. DE BOSCOTU-RAUL, seigneurs de Bouqueteraut, de Cleaux, de Saint-Bonnet, de Maugarni, de Mozères, de La Goutte.

Châtellenies de Bourbon, de Souvigny.

Armoiries inconnues.

Noms féodaux.

BOURRASOL, al. BORRASEL, seigneurs de Gouzolles, de Puyrambault, de La Grange.

Châtellenies de Chaveroche, de Billy.

ALLIANCE : Parreau.

Armoiries inconnues.

Archives de l'Allier.

BOURDELIER.

Châtellenie de Cusset.

De gueules, à une lancette d'argent, accostée de deux feuilles de lierre d'or. — Pl. IX.

Arm. Gén. d'Hozier. — Registres paroiss. de Cusset.

BOURDEREL, seigneurs d'Orvalet, de Villars.

Châtellenie de Moulins.

Alliance : Roy.

D'azur, à trois épis de bled d'or, feuillés de même. — Pl. IX.

Arch. de l'Allier. — Tableau chronolog. — Segoing.

Les armoiries de cette famille se voient accollées à celles des du Buysson, à la clef de voûte de la chapelle d'Orvalet, dans l'église de Saint-Pourçain-de-Malchère près de Moulins ; elles sont accompagnées d'une inscription relative à la fondation de cette chapelle en 1686.

BOUTEFEU, seigneurs de La Motte, de Varennes, de Puychapin, all. Montchapin, de l'Epine, de Brosse.

Châtellenies de Bourbon, de Chantelle.'

ALLIANCES : De Saligny, de Saint-Aubin.

Armoiries inconnues.

Noms féodaux.

BOUTET, seigneurs de Sazeret, de Villefranche, de Chastel, de Francart, de La Motte.

Châtellenies de Bourbon, de Murat, de Verneuil.

ALLIANCES : Des Fontis, de Fombert.

D'azur au chevron d'or, accompagné de trois tours d'argent. — Pl. IX.

Noms féod. — D'Hozier. — Preuves au cabinet des Titres de la Biblioth. imp. — Arm. manusc. de la Gén. de Moulins.

L'Armorial de France, de d'Hozier, donne une partie de la généalogie de cette famille, aux armes de laquelle il ajoute un lambel d'argent, qui n'est sans doute qu'une brisure de cadet.

BOUTIGNON, seigneurs du Drenat.

Châtellenies d'Hérisson, de Montluçon.

ALLIANCE : De Chaux.

Armoiries inconnues.

Noms féodaux. — Arch. de l'Allier.

BOUTRY, comtes Boutry.

Châtellenies de Souvigny, de Moulins.

ALLIANCES : Depligeons, Meynier, Geoffroy, Belin, Trochereau.

D'azur, au chevron d'or, accompagné en chef de deux fleurs tigées d'argent et en pointe d'une croix ancrée de même. — Pl. IX.

Archives de l'Allier. — Titre héréditaire du Saint-Siège par Bref du 14 août 1847.

DES BOYAUX, seigneurs de Colombière, de Franchesse, de Gissy, de Fontignoux, de Torcy, de Beaulon, du Martray, de Larrousse, des Noyers.

Châtellenies de Bourbon, de Chaveroche.

ALLIANCES : Barrateau, du Chasteau, de Beaucaire, de Dorne, de La Porte, de Chaussin, de

Tollède, de La Souche, de Cholet, de Laveyne, d'Estrée, Mouton.

D'azur, à trois boyaux en fasce, les extrémités de gueules, entremêlés de six trèfles d'or. — Pl. IX.

Arch. de l'Allier. — Vertot, Hist. de Malte. — Regist. paroissiaux de Franchesse, de Saint-Aubin, de Beaulon. — Regist. de Maintenue. — Preuves de Malte aux Arch. du Rhône. — Mém. sur la Gén. de Moulins.

Cette famille nous paraît avoir une origine différente de celle du même nom en Berry, mentionnée par La Thaumassière.

DE BRANDON, al. DES BRANDONS, seigneurs de Lussat, de Bosc, de Fressineau, de Gouzon, de Joutière, de Noyant, de Saint-Martin, de Libersat, de Fougerolles, de Baulet, de La Troussaye, de Laleuf, de Chiron, de Loubat, de Monteil, de Ribé, de Beauregard, du Poirier.

Châtellenies de Montluçon, d'Hérisson.

ALLIANCES : De La Roche, de Chaussecourte, Cornillier, Mulatier, de La Buxière, Maréchal, de Villelume, de Mauron, Chaise, d'Avril, de Miomandre, de Lausanne, de Magneux.

De sable, à l'aigle éployée d'argent, becquée et membrée de gueules. — Pl. IX.

Noms féodaux. — Guillaume Revel. — Arch. de l'Allier. — Pallet. — Segoing. — Mém. sur la Gén. de Moulins.

L'Armorial manuscrit de la Généralité de Moulins décrit le blason de cette famille : *Parti de sable et d'azur, à une aigle éployée, partie d'or et d'argent, couronnée et armée de gueules, brochant sur le tout.* La *Nouvelle histoire du Berry*, de Pallet, qui en donne la généalogie, indique ce blason comme étant : *D'azur, à l'aigle éployée d'or.* Dans le *Mercure armorial*, de Segoing lui donne ces armoiries : *De gueules, à l'aigle d'or, cantonnée de quatre feus ou brandons allumés d'or et de gueules.*

DES BRAVARDS D'EYSSAT, seigneurs d'Eyssat, de Servières, de Montrond ; comtes du Prat. En Auvergne et en Bourbonnais.

Châtellenie de Gannat.

Écartelé : aux 1 et 4 d'azur, au chevron d'or, accompagné de trois billettes de même, qui est des Bravards d'Eyssat ; *et aux 2 et 3 d'or, à la fasce de sable, accompagnée de trois trèfles de sinople,* qui est du Prat. — Pl. IX.

Noms féodaux. — Nobil. d'Auvergne.

Cette famille de chevalerie d'Auvergne fut possessionnée aux environs de Gannat ; Jean-François des Bravards d'Eyssat, seigneur de Montrond, épousa, en 1717, Claire-Françoise du Prat, dame de Salles ; son fils prit le titre de comte du Prat, et écartela les armes de cette famille, en vertu d'une substitution faite en sa faveur par son oncle maternel, qui mourut le dernier de sa branche.

BRÉCHARD ou DE BRÉCHARD, seigneurs de Villars, de Confex, de Cheval-Rigon, de Toury-sur-Allier, de Montgarnault, de Mortheroux, de l'Escherelle, de Bonault, de La Motte-Villobier, de Bousseau, de La Grange, de Lucenay-sur-Allier, de Sauterrone, de Gly, de Beauvoir, de Lorbigny, de Monestay, de Crusez, des Espoisses, des Palais, de Cluzors, barons de Bressolles. Bourbonnais et Nivernais.

Châtellenies de Bourbon, de Belleperche, de Moulins, de Verneuil, de Billy, d'Hérisson.

ALLIANCES : De Culan, de Thory, de Chante-merle, de Chauvigny, de Saint-Geran, de Bellenave, de Saint-Verain, de Montmorillon, de Saint-Priest, de Pestel, de Lavieu, de Pauly, de Sacconin, etc.

Bandé d'argent et d'azur, al. *d'azur, à trois bandes d'argent.* — Pl. IX.

Marolles. — Arch. de l'Allier, de la Nièvre, de Decize et des châteaux de Toury et du Ryau. — Collection nivernaise de l'auteur. — Noms féodaux. — Preuves au cabinet des Titres. — Guill. Revel. — Armorial de Gilles Le Bouvier. — *L'Ancien Bourbonnais.* — Soultrait, *Statistique monumentale de la Nièvre.* — Manuscrit de Guichenon. — *Histoire du Berry.*

La famille Bréchard, l'une des plus puissantes du Bourbonnais et du Nivernais, posséda de nombreux fiefs dans ces deux provinces, où elle se divisa en plusieurs branches. Sa branche principale fut celle des barons de Bressolles, près de Moulins, premiers barons du Bourbonnais, plus connus sous le nom de leur baronnie que sous leur nom de famille. La Thaumassière a donné une courte généalogie de cette branche, sur laquelle on trouve plus de détails dans les manuscrits de Guichenon, à la Bibliothèque de la Faculté de médecine de Montpellier.

Les deux historiens s'accordent pour commencer la filiation de la famille à Raoul Bréchard, baron de Bressolles, qui est cité dans un acte de 1174 du cartulaire de La Charité-sur-Loire, et qui fut l'un des témoins de la charte de confirmation des privilèges de Souvigny donnée, en 1217, par le sire de Bourbon ; mais, à la même époque, deux autres branches tenaient un rang considérable dans la noblesse nivernaise, celle des seigneurs de Toury-sur-Abron, qui possédait aussi les seigneuries de Beauvoir et des Espoisses, et celle des seigneurs de Sardolle. Nous avons, dans notre collection de documents originaux sur le Nivernais, un titre de croisade de cette dernière : c'est une charte de 1270 par Guillaume Bréchard, chevalier croisé, seigneur de Sardolle (Guillermus Beachardi, miles, dominus de Sardella, crucesignatus) et Emerarde, sa femme, qui vendent l'étang de Montifaut au Chapitre de Nevers.

Très marquante au XIII⁰ et au XIV⁰ siècle, la famille Bréchard avait perdu une grande partie de sa puissance dans les siècles suivants ; au XVIII⁰, elle n'était plus représentée que par les seigneurs de Neuville et de Gerland entre Decize et Saint-Pierre-le-Moûtier (Nièvre), qui s'éteignirent presque dans la pauvreté ; et par les seigneurs de Brinay et d'Achun, aux environs de Châtillon-en-Bazois, dont la dernière héritière apporta au commencement de ce siècle ses biens et son nom à une branche de la famille de Champs. Les armes des Bréchard se trouvent indifféremment *bandé d'argent et d'azur,* ou *d'azur, à trois bandes d'argent,* ou *d'argent, à trois bandes d'azur ;* Gilles Le Bouvier les donne, sous le nom de Bressolles, de cette dernière manière ; dans Guillaume Revel, l'écu est *bandé de six pièces d'argent et d'azur, avec un chef de gueules* pour la branche bourbonnaise de Confex.

Examinons maintenant les monuments originaux offrant les armes de la famille dont nous nous occupons : le bandé de six pièces garnit les écussons empreints sur les flancs d'une cloche de Saint-Pierre-le-Moûstier, avec une inscription datée de 1455 et le nom de Bressolles ; on le retrouve aussi sculpté au château de Chevenon, avec un parti de Chevenon, et sur les manteaux des cheminées du château de Villemenan (XV⁰ siècle) ; l'écu aux trois bandes d'argent sur fond d'azur, parti de Veaulce, décore la clef de voûte sculptée et peinte d'une chapelle de l'ancienne église de Cougny, près de Saint-Pierre-le-Moûstier, construite dans la première moitié du XVI⁰ siècle, par Gaspard Bréchard, seigneur de Cougny, et par Françoise de Veaulce, sa femme ; c'est aussi trois bandes que l'on remarque sur le sceau de Claude Bréchard, chevalier, seigneur d'Aligny, maréchal-des-logis d'une compagnie des ordonnances du Roi, appliqué à une quittance de 1554. (Dossier au Cabinet des Titres).

Il semble résulter de ces documents peints ou sculptés que l'écu des Bréchard, primitivement bandé de six pièces, devint à trois bandes à partir du XVI⁰ siècle, c'est ainsi que les donne Vertot aux chevaliers de Malte de la famille et que les portaient les Bréchard du siècle dernier.

Voir, dans le registre complémentaire de la nouvelle édition de l'*Armorial général* de d'Hozier, la généalogie de la branche nivernaise des seigneurs de Brinay.

DE BRESSOLLES, seigneurs du Pontet, de La Creue, du Vergnaud, de Thory, du Reray, de Boussay, de Puybouillard, de Grosbois, de Salle-brune, de La Planche, de Vergnaud, de La Garde. Bourbonnais et Berry.

Châtellenies de Bourbon, de Chantelle.

ALLIANCES : Des Ages, de Cremaux, Guy de La Guirablière.

De sable, au lion d'argent. — Pl. IX

Archives de l'Allier et du château du Ryau. — Noms féodaux. — Pallet, *Nouvelle hist. du Berry.* — Nobil. d'Auvergne. — Mém. sur la Gén. de Moulins.

Beaucoup de membres de la famille Breschard ayant porté, pendant près de trois siècles, le nom de Bressolles, il est difficile de retrouver d'une manière positive ce qui se rapporte à cette famille de Bressolles, fort ancienne en Bourbonnais, dont nous n'avons pu retrouver l'origine certaine. La *Nouvelle Histoire du Berry* (t. III, p. 251) confond les deux familles de Bréchard et de Bressolles. Elle leur donne pour armes : *Ecartelé aux 1 et 4 de sable, au lion d'argent, et aux 2 et 3, d'or au sautoir de sable, chargé de cinq fleurs de lys du champ.*

DU BREUIL, seigneurs du Breuil, de Cordebœuf.

Châtellenies de Vichy, de Billy.

ALLIANCE : Aycelin de Montaigu.

Armoiries inconnues.

Noms féodaux. — Arch. de l'Allier.

Plusieurs familles nobles de ce nom, trois au moins, ont habité le Bourbonnais : les deux plus anciennes, sur lesquelles les documents nous manquent, se sont éteintes au XVe siècle ; l'une prenait son nom de la seigneurie du Breuil, entre La Palice et le Mayet-de-Montagne, c'est à elle qu'appartenait la femme d'un Aycelin, seigneur de Montaigu, enterrée dans l'église du Breuil. La dalle qui recouvre cette tombe offre, gravée au trait, la figure d'une dame en longs vêtements, les mains jointes, ayant un chien à ses pieds, placée sous une arcade trilobée, dont l'amortissement est occupé par deux écussons malheureusement effacés. L'inscription suivante, en belles capitales gothiques, règne sur la bordure de la dalle, et sur une autre bordure qui encadre l'ogive : ✝ HIC : IACET : DNA : HAELIS : DE : BROLIO : VXOR : QVONDA : DNI : LL : AYCELINI : MILITIS : DNI : MONTIS : ACVTI : QVE : OBIIT : DIE : SABBATI : POST : FESTAM : NATIVI : BEATE : MARIE : VIRGINIS : ANNO : DOMINI : M° : CCC° : CVIVS : ANIMA : REQVIESCAT : IN : PACE : AMEN : AMEN :

Nous allons mentionner les autres familles du même nom.

DU BREUIL, seigneurs du Breuil.

Châtellenies de Bourbon, de Murat, de Verneuil.

Armoiries inconnues

Noms féodaux. — Archives de l'Allier.

Cette seconde famille prenait son nom de la seigneurie du Breuil, dans la paroisse de Saint-Aubin ; les *Noms féodaux* mentionnent plusieurs de ses membres qui habitaient, au XIVᵉ siècle, les châtellenies de Murat et de Verneuil.

DU BREUIL, seigneurs du Breuil, d'Arfeuille, de Vedignac, de La Vergne, de Lourdoueix, de Nizerolles, de Saint-Maurice, de Gallemeau, du Craux, de Lavault-Sainte-Anne, de La Brosse, de Chauvière. La Marche et Bourbonnais.

Châtellenies de Montluçon, de Vichy.

ALLIANCES : De La Motte, de Tenelle, Foucaud, de Barbançois, Autier de Villemontée, de Saint-Maur, André, de Beaulne, de Salvert.

D'azur, à l'ancre d'argent, au chef cousu de gueules, chargé de trois étoiles d'or. — Pl. IX.

Noms féodaux. — D'Hozier. — Registre de Maintenue.

Nous pensons que cette famille prit son nom du Breuil, près de La Palice, toutefois D'Hozier ne donne sa généalogie que depuis les premières années du XVIe siècle, et il est probable qu'elle est tout à fait étrangère à celles dont nous avons parlé.

BRIART, seigneurs de Barberier.

Châtellenies de Bourbon, d'Hérisson, de Gannat.

D'argent, au sautoir engrelé de gueules, accompagné en chef d'une rose de même. — Pl. IX.

Noms féodaux. — Guill. Revel.

BRINON, seigneurs de Baunay, des Prosts, des Malvaux, de Montchenin, de Pontillaut, de La Buxière, de Toury-sur-Besbre, de La Motte-Cheval, de Mérolle, du Pavillon. Originaires de Paris, en Bourbonnais et en Normandie.

Châtellenies de Moulins, de Bourbon.

ALLIANCES : La Bise, de Rochefort, Tenon, Duret, des Touches, de Laubespin, Basin, Megret, de Lucenay, de Troussebois, Hardy, Bardon, Brillet, Palierne, de Lorme, de Lingendes, de Fontis, Rousseau, Valette de Bosredont, Collin de Gevaudan, Saulnier.

D'azur, au chevron d'or, accompagné en pointe d'un croissant d'argent, au chef denché du second émail. — Pl. IX.

Archives de l'Allier. — Noms féodaux. — Tabl. chronolog. — Regist. paroissiaux d'Iseure et de Neuilly-le-Réal. — Mém. de Castelnau. — Dict. de la Noblesse. — Arm. de la Gén de Moulins. — Généalogie de Lamoignon.

Les armes pleines de cette famille ne portaient que le chef denché et le chevron ; la branche de Normandie brisa d'une étoile à six rais en pointe, et celle du Bourbonnais d'un croissant ; on voit ces armes ainsi figurées et ayant pour supports des licornes, sur un jeton de Jean de Brinon, maître des Comptes au commencement du XVI\ siècle ; le revers de cette pièce porte un chardon entre deux fleurs de lys. Nous pensons que l'écusson ovale qui figure sur le rétable de l'église de Saint-Pourçain-sur-Besbre, est celui des Brinon, seigneurs de Toury-sur-Besbre, près de Saint-Pourçain, à la fin du XVII\ siècle et au commencement du XVIII\, et cela bien que le chef denché y soit remplacé par une trangle haussée, et que le croissant y soit couronné ; ces différences étaient probablement la brisure de ce rameau de la branche du Bourbonnais. La Chesnaye des Bois donne une partie de la généalogie des Brinon.

BRIROT, seigneurs d'Autraille, de Montgarnaud, de Craschet, de Telly.

Châtellenies de Chaveroche, de Moulins.

ALLIANCES : Collier, Lequen, de Finance, Baron, Vigier, Lavenier, Griffet.

D'azur, à deux palmes de sinople posées en sautoir, liées de gueules, au chef échiqueté d'or et d'azur de trois tires. — Pl. IX.

Noms féodaux. — Arm. de la Gén. de Moulins.

DE BRIS, seigneurs de Bris, du Bois.

Châtellenies d'Hérisson, de Murat.

ALLIANCE : Des Haies.

D'azur, à trois raves d'or feuillées de même. — Pl. IX.

Noms féodaux. — Guill. Revel.

BRISSON, seigneurs de Beaulieu, de La Motte-Brisson, de Chenillac, du Petit-Château-Morand.

Châtellenies de Moulins, de Chantelle, de Verneuil.

D'or, à trois bandes de gueules, au lambel de trois pendants d'azur, brochant sur le tout. — Pl. IX.

Noms féodaux. — Arm. de la Gén. de Moulins.

Ordinairement le lambel était une brisure prise par les cadets, peut-être cette pièce fut-elle particulière à la branche des seigneurs de La Motte, près d'Iseure, la seule dont nous avons retrouvé le blason? Cette famille est étrangère à celle du même nom qui habita les environs de Saint-Pierre-le-Moûtier, en Nivernais.

DU BROC DE SEGANGE, seigneurs de Boisrond. Nivernais, Auxerrois et Bourbonnais.

Châtellenies de Belleperche, de Moulins.

ALLIANCES : Girard, de La Bussière, des Prés, Olivier, Rapine, de Lamoignon, Thibaut, de La Chasseigne, Régnier, de La Barre, Bianki, du Verne, Noël, Sonnier, de Givodan, de Richepance, de Serres, de Dufau.

De gueules, à deux lions d'or, couronnés de même, au chef cousu d'azur, chargé d'une rose d'argent, accostée de deux molettes d'éperon d'or. — Pl. IX.

Marolles. — Noms féodaux. — Archives de la Nièvre, de l'Allier et du château des Granges. — Mercure armorial. — Arm. manusc. de Nevers. — Cahier de la Nobl. du Bourbonnais. — Armorial du Nivernais.

L'*Inventaire des Titres de Nevers* décrit ainsi le blason de François du Broc, seigneur du Nozet en 1584: *De gueules, à deux lions mornés affrontés d'or, au chef cousu d'azur, chargé d'une rose d'argent entre deux étoiles d'or.* L'*Armorial* de Challudet et le *Mercure armorial* de Segoing, donnent les lions d'or non affrontés, et la rose de gueules boutonnée d'or entre deux étoiles de même. Dans l'église paroissiale de Pouilly (Nièvre) se trouvait une chapelle fondée, à la fin du XVI⁰ siècle, par François du Broc, seigneur du Nozet, et Claude Olivier, sa femme, sous laquelle régnait un caveau, sépulture des du Broc. Dans ce caveau nous avons trouvé trois écussons sculptés, placés sans doute autrefois aux clefs de voûte de la chapelle. L'un de ces écussons, timbré d'un casque avec lambrequins, est aux armes des du Broc, telles que les décrit Segoing ; les autres sont partis des mêmes armes et de celles des Olivier et des Thibaut, alliances nivernaises des du Broc. La famille du Broc de Segange porte maintenant les armes décrites ci-dessus ; sa généalogie est imprimée dans la nouvelle édition de d'Hozier (VII⁰ registre).

DE BROCELÉE, seigneurs de Brocelée.

Châtellenies de Belleperche, de Bourbon, de Moulins.

ALLIANCE : De La Motte.

Armoiries inconnues.

Noms féodaux.

DE BRON, seigneurs de Lormais, de La Liègue, de Pontlung, de Chivray, de La Glolière,

de Bernay, de Champragon, de La Madelaine, de Lusnois, de La Charlerie, d'Augy, de Pontcenat. Forez, Berry et Bourbonnais.

Châtellenies de Bourbon, de Billy.

ALLIANCES : De La Souche, Mercier, de Murat, de Marcelanges.

D'or, au chevron de gueules, accompagné de trois perroquets de sinople. — Pl. X.

Arch. de l'Allier. — Noms féodaux. — Regist. paroissiaux de Ciernat et d'Ygrande. — Vertot. — Arm. de la Gén. de Moulins. — Armorial du Forez. — Mém. sur la Gén. de Moulins.

Selon l'*Armorial du Forez*, cette famille aurait aussi porté les armes suivantes : *D'azur, à la croix d'argent frettée de gueules, et d'or, à la fasce de gueules et un lion issant de sable en chef,* ce dernier blason parti de Marconnay est sculpté au château de La Liègue (Loire) (XVIe siècle).

DE BROSSE, seigneurs de Boussac, de Sainte-Sévère, de La Pérouze, de L'Aigle, des Essarts, de Palluau, de Châteauceaux, etc.; barons d'Huriel; vicomtes de Brosse et de Bridiers; comtes de Penthièvre; ducs d'Estampes. Issus des vicomtes de Limoges, en Berry et en Bourbonnais.

Châtellenies de Bourbon, de Billy, de Montluçon.

Alliances : De Déols, de Sancerre, de Saint-
Vevain, de La Tour, de Malleval, de Brion, Le Loup,
de Naillac, de Blois-Châtillon, de Bourgogne-
Nevers, de Savoie, Paléologue, de Laval, etc.

D'azur, à trois gerbes ou brosses d'or, liées de gueules. —
Pl. X.

Armorial de Gilles de Bouvier. — Hist. des grands officiers de la Couronne. — Hist. du
Berry, etc.

Nous n'avons point à faire connaître ici l'illustre maison de
Brosse, qui posséda en Bourbonnais la baronnie d'Huriel ;
deux de ses membres battirent monnaie : l'un à Brosse, l'autre à
Huriel ; les deniers de ce dernier atelier monétaire portent une
gerbe, ils ont été décrits par Duby (Pl. LXXI), et par MM. de
Barthélemy et Cartier, dans la *Revue numismatique* (années
1843 et 1845) et par nous dans notre *Essai sur la numismatique bourbonnaise.*

On vient de transporter sous le porche de l'église paroissiale
d'Huriel, pour y être restaurés : 1° la statue tombale de Pierre
de Brosse portant une cotte d'armes armoriée de trois gerbes,
et 2° une superbe inscription funèbre du XV° siècle dont le
texte avait été donné avec peu de soin par La Thaumassière,
reproduit depuis par Coiffier Demoret et par l'*Ancien Bourbonnais* et dont les *Annales bourbonnaises* ont publié en 1889
une très exacte leçon.

Cette inscription qui contenait les épitaphes de Pierre Ier, de
Louis Ier, de Louis II et de Pierre II de Brosse (1315-1422),
ainsi que la statue du chevalier, faisait partie d'un mausolée du
XV° siècle que Pierre II avait fait élever dans la chapelle collégiale de Saint-Martin d'Huriel (Cfr., *Tombeau et épitaphes
des de Brosse à Huriel*, par l'abbé Joseph Clément, Moulins,
Auclaire, 188 9.

Les comtes de Penthièvre, ducs d'Estampes, de cette maison,
écartelèrent aux 1 et 4 de Bretagne, à cause du mariage de Jean

de Brosse, deuxième du nom, avec Nicole de Blois, vicomtesse de Limoges, comtesse de Penthièvre, fille unique de Charles de Blois ou de Chastillon, dit de Bretagne, baron d'Avaugour, etc.

L'*Histoire des grands officiers de la Couronne* (t. V) et l'*Histoire du Berry* de La Thaumassière ont donné la généalogie de la maison de Brosse, dont le dernier rejeton fut le mari de la fameuse duchesse d'Estampes. Le *Dictionnaire de la Noblesse* et Moreri renferment cette même généalogie, avec une suite complètement apocryphe.

DES BROSSES, seigneurs des Brosses, de Saint-Allire-de-Valenches.

Châtellenies de Billy, de Souvigny, de Chaveroche, de Bourbon.

Armoiries inconnues.

Noms féodaux.

BROTAIN, al. BROUTAING, seigneurs de Beaudéduit.

Châtellenie de Chaveroche.

De sinople, à la croix ancrée écartelée de sable et d'argent. — Pl. X.

Noms féodaux. — Guill. Revel.

BRUN, voy. DU PESCHIN.

BRUNET, seigneurs de Montmorillon, d'Arfeuille, de Cluzor, de Saint-Clément, de Charmeil, de Fretay, de Rancy, d'Evry ; barons de Châtel-Montagne ; marquis de La Palice. Originaires de Bourgogne, en Bourbonnais et en Provence.

Châtellenies de Billy, de Vichy.

ALLIANCES : Cadolu, Colbert, de La Briffe, Cahouet de Beauvais, du Plessis-Châtillon, Bignon, Masson de Plissay.

Ecartelé : aux 1 et 4 d'or, au lévrier rampant de gueules, à la bordure componée d'or et de sable ; et, aux 2 et 3 d'azur, à la tête de Maure de sable, tortillée du champ. — Pl. X.

Arch. de l'Allier. — Noms féodaux. — Dict. de la Noblesse. — Chevillard. — Etat de la Provence. — Arch. de l'Allier.

Branche de la famille Brunet, de Bourgogne, qui posséda de grands biens, en Bourbonnais, pour qui la seigneurie de La Palice fut érigée en marquisat par lettres patentes de février 1724, enregistrées au Parlement le 4 juillet suivant, pour Gilles Brunet, intendant de l'Auvergne et du Bourbonnais.

DE BUCHEPOT, seigneurs de Buchepot, de Chinière, de La Tour-Barrieul, de Cornançay, de Planche, de La Tourotte, de La Prugne, d'Ormoy-le-Dauvien, de Piebouillard, de Fougerolles, de Fromenteau, de Picandière, de Tylai, de Bois-Buchepot, de Langon, de Laige, de Villechevreux; marquis de Fougerolles. En Bourbonnais et en Berry.

Châtellenies de Bourbon, de Verneuil, de Chantelle, d'Hérisson.

D'argent, au pot d'azur, une fasce de gueules brochant sur le pot, et un chef aussi de gueules chargé de trois étoiles d'or. — Pl. X.

Noms féodaux. — Guill. Revel. — Hist. du Berry. — Pallet, etc.

Lá Thaumassière, qui a donné la généalogie de cette famille de chevalerie fort ancienne en Bourbonnais, s'est trompé en lui attribuant le blason suivant : *D'azur, à la fasce d'or, accompagnée de trois étoiles de même.* Ces armes sont celles de la famille de Chassy, alliance des Buchepot.

DE BUFFEVENT, seigneurs de Buffevent, de Beaumont.

Châtellenies de Moulins, de Chaveroche.

ALLIANCES : Jotin, de Saint-Georges.

De gueules, à l'aigle d'azur, becquée et membrée d'or. — Pl. X.

Archives de l'Allier. — Noms féodaux. — Guillaume Revel.

Il ne faut pas confondre cette famille, avec celle du même nom, possessionnée dans le Berry et dans l'Auvergne, dont La Thaumassière a donné la généalogie.

DU BUYSSON, seigneurs de La Cave, de Montgarnaud, de Sazeret, de Courcelles, de Richemont, de Champfort, de Moncelat, de Montchoisy, de Mirebeau, du Breuil, de Montbrun, de Beauregard, de Bilhonnais, des Aix, d'Origny, de Fognat, d'Orvalet, de Salonne, des Prugnes, de Fontviolant, de Crotte, d'Ambly, de Vielfont, de Montord, de La Jonchère, du Berat, de Mont, du Lac, de Beirat, de Veauce, de Corgenay, de Poncenat, de Cromardy, de Montaigu-Le-Blin ; barons de Boucé ; comtes de Douzon.

Châtellenies de Chantelle, de Bourbon, de Moulins, de Verneuil.

ALLIANCES : Menudel, Merle, Le Roy, de Launay, de Laire, de Fontis, de Champfeu, Lequien, Bachot, de La Croix, Roy, Chenot, Legendre, Bonnet, de Beauverger, Millet, Semin, Le François, du Val, de Lingendes, Millet, Le Bègue, Jannet, Vauvrille,

Morin-d'Arfeuille, de Savignat, Alexandre, Verne, de Charry, Trottier, de Lapelin, Bardon, Bourderel, Berthet, Burgues, de Monestay, de La Ferté-Meun, de Bar, Colin de Gevaudan, de Faubert, du Verdier, de Montaignac-Chauvance, de Bonneval.

Ecartelé au 1ᵉʳ d'or, à un arbre ou buisson de sinople ; au 2 et 3 d'azur, à une épée d'argent à poignée d'or posée en pal, accompagnée de trois molettes d'éperon d'or à cinq pointes posées : deux en chef et une en pointe ; au 4 d'or, à trois arbres arrachés de sinople. — Pl. X.

Archives de l'Allier. — Noms féodaux. — Tableau chronologique. — Saint-Allais. — Paillot. — Arm. de la Gén. de Moulins.

Fort ancienne et importante famille qui eut son berceau en Auvergne.

Divisée en deux branches principales : 1° celle d'Auvergne, passée en Bourbonnais, en 1368. Cette branche a formé huit rameaux dont les comtes de Sainte-Marie, de Douzon et des Aix ; les barons de Veauce et de Boucé.

2° Celle du Languedoc, qui a formé les marquis de Bournazel, d'Aussonne ; les barons de Beauteville, de la Bastide-Beauvoir, de Belcastel.

La branche bourbonnaise des du Buysson, l'une des marquantes familles de notre province, s'est constamment signalée par les hautes positions militaires et civiles que ses membres occupèrent.

BURELLE, seigneurs de La Feuillouze, de La Petite-Garenne, de La Queuille, des Lenaix, de Beaupuy, des Luteaux, des Bodets, de Barnier.

Châtellenies de Billy, de Verneuil.

ALLIANCES : De Champfeu, de Vaux, de La Geneste, Martin, Meilheurat, Bardonnet de La Toulle, Boucaumont, Maresquier, de Guay, Jacob, Galien, Ducroux, Papon de Lameigné, Valleton, de Quirielle, Malbet, Grangier.

D'or, à cinq burelles de sable et un barbeau de gueules en barre brochant sur le tout. — Pl. X.

Archives de l'Allier et du château de Boucé. — Noms féodaux. — Tableau chronologique. — Armorial de la Généralité de Moulins. — Ancien Bourbonnais.

DE BURGE, seigneurs d'Autry, de La Baron, de Lon.

Châtellenie de Bourbon.

Armoiries inconnues.

Noms féodaux. — Nobiliaire d'Auvergne.

DE BUSSIÈRE, al. DE BUXIÈRES et DE LA BUSSIÈRE, seigneurs d'Aurières, de La Costure, de Leux, de Graveron, de Cortel, de Douzon, de Brayer, de La Roche, de Manelly. Bourbonnais et Combraille.

Châtellenies de Billy, de Chantelle.

ALLIANCES : De Châteauneuf, de Murat, de Bonneval, Mareschal, de Malleret, de Montagnac, de Bosredon.

D'azur, à la fasce, accompagnée en chef d'un lion issant et en pointe de trois coquilles, le tout d'or. — Pl. X.

Archives de l'Allier. — Noms féodaux. — Nouv. hist. du Berry. — Nobil. d'Auvergne. — Gén. de Bosredon.

CADIER DE VEAUCE, seigneurs de La Brosse-Cadier, de Montgarnault, de Peroux, de La Faye, de Martilly, de La Cour-Chapeau, de Baize, du Peschin, de Croissance, de Saint-Augustin, de Ponsut, de Belleperche, d'Avernes, de La Grange, de La Rigolée, du Troussay, de Soules, de Malsoy, de Belleau, de Fontenay, du Plessis, de Gourgain ; barons de Veauce. Bourbonnais et Normandie.

Châtellenies de Moulins, de Billy, de Gannat.

ALLIANCES : Babute, Cordier, Guymard, de Lare, Bertrand, Caille, Perrier, de Lingendes, Feydeau, Pion, Faverot, Guillouet, de Monestay, Girault, Riglet de l'Estang, Rollet d'Avaux, Perrotin, de Barmond, de Salvert, Le Blanc de Châteauvillan, de Montlaur, Chaillon de Jouville, de Salperwick, Rouillé d'Orfeuil, de Perceval, d'Egmont.

D'azur, au rencontre de cerf d'or. — Pl. X.

Archives de l'Allier. — Titres de la maison de Bourbon. — Noms féodaux. — Ancien Bourbonnais. — Armorial Général. — Revue historique de la Noblesse.

On trouve les armoiries de cette famille dans l'une des verrières du chevet de la cathédrale de Moulins ; on les voit aussi figurer timbrées d'une couronne de baron, sur un jeton de François-Claude Cadier, baron de Veauce, maire de Moulins en 1766, décrit dans notre *Essai sur la numismatique bourbonnaise.* Le blason de Michel Cadier, écuyer, seigneur de Saint-Augustin, est ainsi donné dans l'Armorial général : *D'azur, à la tête de cerf d'or, surmontée d'un heaume d'argent.*

Le dernier baron de Veauce, qui a représenté si dignement le département de l'Allier aux dernières assemblées, écartelait les armoiries de sa famille de celle de l'ancienne famille de Veauce (voir l'article de ce nom), dont il avait si magnifiquement rétabli le château, l'un des plus beaux du centre de la France.

La *Revue historique de la noblesse* a publié une généalogie complète des Cadier qui n'est pas d'une exactitude bien rigoureuse.

DE CALISTE D'AFFRY, seigneurs d'Hauterive, de Serné, de Sautat, de La Monuoye, de Chassicourt, de Fontarbin, de Lafont. Originaires de Suisse.

Châtellenies de Billy, de Moulins.

ALLIANCES : Du Moutier, Veau, Boisset, Barin, Des Escures, de Gléné, de Popillon, Merlin, Certain, de Courtais.

D'argent, à trois chevrons de sable, al. *Chevronné d'argent et de sable de six pièces.* — Pl. X.

Archives de l'Allier. — Armorial Général. — Dict. de la Noblesse. — Mém. sur la Gén. de Moulins.

Nous avons vainement cherché pour quel motif cette branche de la famille d'Affry, l'une des plus marquantes de la noblesse suisse (canton de Fribourg), fixée en Bourbonnais dans la première moitié du XVIIe siècle, prit ce nom de Caliste, sous lequel ses membres furent généralement connus bien qu'ils aient aussi porté leur véritable nom. La branche bourbonnaise des d'Affry se divisa en deux rameaux dont l'un écartela : *De gueules, à la bande engrelée d'argent, chargée de trois étoiles d'azur.*

DE CAMBON, seigneurs de Veure, de Saonne.

Châtellenies de Bourbon, de Moulins.

ALLIANCE : De Neuville.

Armoiries inconnues.

Noms féodaux.

CAMUS DE RICHEMONT, v. DE RICHE-MONT.

CANTAT, seigneurs de Baigneux, de Cha-randon.

Châtellenies de Verneuil, de Montluçon.

ALLIANCES : Rolin, Augrave, Party, Cousin, Baret, Petit.

Armoiries inconnues.

Arch. de l'Allier. — Noms féodaux. — Armorial Général.

Les renseignements positifs nous manquent pour donner les armes des Cantat auxquels l'Armorial général attribue le blason suivant évidemment de fantaisie : *D'argent, à la bande d'azur, chargée d'une flûte d'argent.* Nous avons vu aussi une lettre d'un membre de cette famille cachetée d'un écusson à trois pommes de pin.

DE CAPPONI, seigneurs d'Amberier, de Font-dambrun, de Tiroiseau, des Jacques, de La Querie, de Pont, des Granges-Layat ; barons de La Font-Saint-Margerand. Originaires de Florence, en Lyonnais, en Forez et en Bourbonnais.

Tranché de sable et d'argent. — Pl. X.

Noms féodaux.— Regist. paroissiaux de Broùt-Vernet.—Ménestrier. — Mém sur la Gén. de Moulins.

DU CARLIER, seigneurs de Venas, de La Bruère, de Thorier, de Monceau, de Courgenay, de La Longe, de Cousture.

Châtellenie d'Hérisson.

ALLIANCES : De Bonneval, de La Barbodière, du Peschin, du Château, du Mothet.

D'azur, au chevron d'argent, accompagné de trois besants d'or. — Pl. X.

Arch de l'Allier. — Noms féodaux. — Arm. de la Gén. de Moulins. — Mém. sur la Gén. de Moulins.

CARREL, seigneurs des Perriers, des Preux.

Châtellenie de Chantelle.

ALLIANCES : Feraud, de Chantelot.

Armoiries inconnues.

Archives de l'Allier.

CELERIER, seigneurs de Borbonet, de Glenne, de La Brosse, de Polayne, de Mareschaucié, de Chavennes, de Touzé, de Ranciat, de Boutevin, de Chézey.

Châtellenies de Moulins, Gannat, Verneuil, Bourbon, Souvigny.

Alliances : De Gannat, Chenet, de Guénégaud.

D'argent, à quatre fasces de sable, et une bande componée de sable et d'or brochant sur le tout, l'or sur le sable et le sable sur l'argent. — Pl. X.

Arch. de l'Allier. — Invent. de Bourbon. — Noms féodaux. — Guill. Revel. — Nobiliaire d'Auvergne.

CELIER, seigneurs de La Reuillière, du Tremblay, de La Vizière.

Châtellenies de Moulins, de Bourbon.

Alliance : Heldin.

D'azur, au lion d'or, au chef de même, chargé de trois étoiles d'azur. — Pl. X.

Noms féodaux. — Arm. Général.

DE CÉRILLY, seigneurs de Cérilly.

Châtellenie d'Ainay.

Armoiries inconnues.

Ancien Bourbonnais.

DE CHABANNES, seigneurs de Châtel-Perron, de Mariol, de Montaigu-le-Blin, de Chezelle, de Dompierre ; comtes, puis marquis de La Palice ; pairs de France ; titrés Cousins du Roi, etc. Originaires de l'Angoumois, en Limousin, Auvergne, Bourbonnais, Nivernais et Champagne.

Châtellenies de Billy, de Vichy, de Chaveroche.

De gueules, au lion d'hermine, armé, lampassé et couronné d'or. — Pl. X.

Hist. des grands officiers de la Couronne, etc.

Une branche de cette illustre maison se fixa en Bourbonnais vers le milieu du XVe siècle, elle y eut d'importantes possessions que nous mentionnons seules ici, sans énumérer les grands fiefs qui lui appartinrent dans d'autres provinces. Ses armes se voient en divers endroits des châteaux de Montaigu-le-Blin et de La Palice. La chapelle de ce dernier château renfermait plusieurs tombeaux de cette famille, entr'autres celui du maréchal, dont les sculptures fort remarquables sont en partie conservées au Musée d'Avignon ; on ne voit plus dans la chapelle que les statues tombales en pierre de Jacques de

22

Chabannes, grand-maître de France, et de Anne de Lavieu, sa femme. On trouve la généalogie des Chabannes dans l'*Histoire des grands officiers de la Couronne*, dans l'*Histoire des pairs de France* et La Chesnaye des Bois, etc.

Voir, dans l'*Inventaire des sceaux de la collection Clérembault*, la description de plusieurs sceaux de la maison de Chabannes. Le lion d'hermine y figure ou seul, ou avec diverses brisures.

CHABOT.

Châtellenies de Montluçon, de Moulins.

D'argent, à la fasce d'azur, accompagnée de trois grenades de gueules, tigées et feuillées de sinople. al. *de trois coupes de....* — Pl. X.

Archives de l'Allier.

CHABOT (DE L'ALLIER), chevalier de l'Empire.

Tiercé en fasces cousues de sable, de gueules et d'azur ; le sable chargé du sommet d'une tour, surmonté d'un soleil, le tout d'or ; les gueules, à une croix de la Légion-d'Honneur d'argent ; l'azur, à trois chabots d'argent. — Pl. X.

Biogr. universelle. — Arm. de l'Empire.

Georges-Antoine Chabot, connu sous le nom de Chabot *de l'Allier*, chevalier de l'Empire, commandeur de la Légion-d'Honneur, conseiller à la cour de Cassation, inspecteur général des écoles de Droit, auteur de plusieurs ouvrages importants de jurisprudence, était né à Montluçon en 1758.

DE CHABRE, seigneurs de Calonges, de Chezelles, de Pouzol. Auvergne et Bourbonnais.

Châtellenie de Gannat.

D'argent, à la croix de gueules, à la bordure de vair. — Pl. X.

Arch. de l'Allier. — Noms féodaux. — Arm. de la Gén. de Riom. — Cahier de la Noblesse du Bourbonnais. — Nobil. d'Auvergne.

DE CHACATON, seigneurs du Bois, de La Chapelle, de La Grange, des Bouys, de Virlobier, de La Garde, de Rougières, du Mazeau, des Reaux.

Châtellenie de Murat.

ALLIANCES : Auroux, Michelon, Cadier, de Fradel, Aumaître, Piron de La Ronde, Des Champs, du Sauzay, Metenier.

D'argent, à trois branches de laurier de sinople posées en pal, et une étoile de gueules en chef. — Pl. X.

Noms féodaux. — Arch. de l'Allier. — Regist. paroissiaux de Montmarault. — Arm. Gén.

CHAILLOT, al. CHALLOT, seigneurs de Bort, du Croset, du Breuil-Eschard, de Champ-Fromenteaul, de Benegon, de Bourz.

Châtellenies d'Hérisson, d'Ainay.

ALLIANCES : Jean Bâtard de Bourbon, de Brosse.

Invent. des Titres de Bourbon. — Noms féodaux.

Il ne nous paraît pas possible d'attribuer à cette famille, de noblesse militaire, et sans doute éteinte bien avant le XVIIe siècle, les armes suivantes que l'Armorial général donne à Joseph Chaillot, procureur en la sénéchaussée de Moulins :

D'argent, à deux grappes de raisin, l'une d'azur, l'autre de gueules, tigées et feuillées de sinople, posées en fasce, et un chef échiqueté d'or et de sable de trois traits. — Pl. XI.

DE CHALUS, seigneurs de La Motte-Gonnet, de La Brosse, de Fretèze, de La Planche, des Montels, de Vialleveloux, de La Cassière, de Larzat, de Chapette, des Bouchons, de Saint-Farjol ; comtes de Châlus. En Auvergne et en Bourbonnais.

Châtellenies de Germigny, d'Hérisson, de Montluçon, de Billy, de Chantelle, de Bourbon, de Murat.

De sable, semé d'étoiles d'or, au poisson de même en bande, à la bordure engrelée de gueules. — Pl. XI.

Inv. de Bourbon. — Noms féodaux. — Guill. Revel. — Nobil. d'Auvergne.

DE CHAMBAUD, seigneurs de Lormet, de Condat, du Mont, de La Jonchère. Originaires du Vivarais. Auvergne et Bourbonnais.

Châtellenies de Gannat, de Montluçon.

ALLIANCES : De Meschatin, Gaultier, Gaulmin.

D'azur, au lion d'argent, au chef de même chargé de cinq mouchetures d'hermine. — Pl. XI.

Arch. de l'Allier. — Nobil. d'Auvergne. — Preuves au Cabinet des Titres. — Arm. Gén.

CHAMBELLAIN, seigneurs de Biozay, de La Garde, de Boschirolle.

Châtellenies de Belleperche, de Bourbon, de Verneuil.

ALLIANCES : De Breuil, de Guénégaud, de La Garde.

Armoiries inconnues.

Arch. de l'Allier. — Noms féodaux.

DE CHAMBON, seigneurs de La Vesvre, de Linars, de Rangoux, de La Chaumette, de Mimorin, de Chaumejean, de Montcloud, des Seignes, des Terves, de Marcillat, des Aigues, de Larzat, de Tallayat, de Versun, de Champerieux, de Puyclaveau, de Droiturier, du Vergne, Des Boudets.

Châtellenies de Billy, de Verneuil, de Chantelle, de Chaveroche, d'Hérisson.

Alliances : De Chaumejean, du Gué, de Roche-Dragon, d'Amfreville, Badier, de Villars, de Culant, de Biotière, Piarron, de Pelisson, de Brion, de Veiny.

Coupé d'or et de sable : l'or, à une fasce de gueules surmontée de deux merlettes de sable ; le sable à trois chevrons d'hermine. — Pl. XI.

Arch. de l'Allier. — Noms féodaux. — Inv. des Titres de Bourbon. — D'Hozier. — Vertot. — Arm. Gén. — Regist. paroissiaux de Marcillat et de Verneuil. — Mém. sur la Gén. de Moulins.

On trouve la généalogie de cette famille dans l'*Armorial* de D'Hozier. L'Armorial manuscrit de la Généralité de Moulins donne ainsi son blason : *D'azur, à trois chevrons d'hermine, au chef abaissé d'or sous un autre chef de gueules, chargé de trois canettes d'or,* etc. Vertot le décrit de cette manière, dans le t. VII de son *Histoire de Malte : De sable, à trois chevrons d'argent chargés d'hermine ; surmontés d'or, à la fasce de gueules accompagnée en chef de deux merlettes.*

DE CHAMBORT, seigneurs de Chambort, de Bort, de Champrupin AL. Champropin, de Chantellot, du Mousseau, de Moulinière, du Fresne, de La Rue, des Lières, de Verrières.

Châtellenies de Bourbon, de Chaveroche, de Moulins, d'Hérisson.

ALLIANCES : De Bort, Gressin, de Chantelot, Pailhoux, de James, Reynaud, Mareschal, de Fomberg.

De gueules, à trois molettes d'argent. — Pl. XI.

Archives de l'Allier. — Noms féodaux. — Guill. Revel. — Arm. Gén. — Mém. sur la Gén. de Moulins.

Il nous paraît certain que cette famille est la même que celle de Champrupin ou Champropin, que l'on trouve mentionnée dans Guillaume Revel et dans les *Noms féodaux;* nous pensons même que le premier nom porté par cette famille fut celui de Champrupin; elle prit plus tard celui de Chambort.

DE CHAMPFEU, seigneurs de Reimbaudière, de Closrichard, de Villette, des Gouttes, des Turiers, du Riage, de Laly, de Saint-Martin-des-Laids, de La Motte, des Garennes, du Tillour, de La Fin-Fourchaud, de La Grange, de La Brosse-Givreuil; barons de Breuil; comtes de Champfeu.

Châtellenies de Moulins, de Billy.

ALLIANCES : De Ballore, Le Long, Palierne, du Lion, de La Barre, Burelle, de Reugny, de Coiffier, Beraud de La Matherée, Billard, Le Gendre, Dorat, de Chouvigny, Tourault, Vernoy de Montjournal, Jolly du Bouchaud, Rodier, Beraud des Rondards, Richard de Soultrait, de Faudoas, Mangot d'Orgères, Hastier de La Jolivette, de Chabannes, de Montmorin, d'Aubigny, Chartier, Josian de Grandval, Autheaume, Boivin de Saint-Aubin.

D'azur, au sautoir d'or, cantonné de quatre couronnes à l'antique de même. — Pl. XI.

Noms féodaux. — Arch. de l'Allier. — Tableau chronologique. — Mém. sur la Gén. de Moulins. — Regist. paroissiaux de Créchy, de Varennes, d'Iseure. — Arm. de la Gén. de Moulins. — Titre royal de 1820.

On conserve au Musée de Moulins une pierre sculptée de l'époque de Henri IV, portant les armoiries des Champfeu, surmontées d'un casque et entourées d'une élégante ornementation.

Les armes de cette famille se voient encore sculptées et peintes en plusieurs endroits de l'église de Saint-Martin-des-Laids ; on trouve aussi de curieux portraits des Champfeu, du XVIe et du XVIIe siècle, au château de La Fin.

DE CHAMPROBERT, seigneurs de Chasseigne, du Montet, d'Osson, de Paribez, de Montgarnaud, de Bauchenon, de Pontcharraud.

Châtellenies de Moulins, de Verneuil, d'Ainay.

Armoiries inconnues.

Noms féodaux.

DES CHAMPS DE BISSERET, DE VER-
NEIX et DE BLOT, seigneurs de La Varenne,
des Montais, de Marmignolle, de Saint-Georges,
de Verneix, de La Combe, de Fistière, de La
Mallerée, de Faye, de Pravier, de Bisseret, de
Lavigny, de Primbaut, de Tilloux, de Puy-de-Bord,
de Mirebeau, de La Motte-Chézy, de La Fragne,
de Lignière, de La Parelle, du Rif, de Châteauneuf; barons de l'Empire; comtes de Bisseret. ‑

Châtellenies d'Hérisson, de Montluçon, de Moulins, de
Bourbon.

ALLIANCES : Alexandre, Chomel, d'Haultefaye,
Alamargot, de Broe, Charton, Le Cointe, de Bosredont, de La Souche, Cadier, Fournioux, L'Huillier, Fradet, Vauvret, Sommé, de La Chapelle,
Martinet, Lomet, de Rolland, de Saint-Mars.

*D'azur, au chevron d'or, accompagné de trois roses d'ar-
gent. —* Pl. XI.

Arch. de l'Allier. — Noms féodaux. — Tableau chronologique. — Armorial Général.

L'Armorial général donne aussi pour armes à cette famille :

D'azur, à trois roses d'argent et d'azur à la fasce d'argent, accompagnée de trois roses de même.

DE CHANCEAUX, seigneurs de Chanceaux.

Châtellenie de Moulins.

Armoiries inconnues.

Arch. de l'Allier. — Noms féodaux.

CHANTEAU, seigneurs de Marcelanges.

Châtellenie de Moulins.

Armoiries inconnues.

Archives de l'Allier et du château du Ryau.

DE CHANTELLE, seigneurs de Chantelle.

Châtellenie de Chantelle.

Armoiries inconnues.

Arch. de l'Allier. — Titres de Bourbon. — Anc. Bourbonnais.

DE CHANTELOT, seigneurs de La Chaise, de Beaupoirier, de La Roche, de Chantemerle, de Quirielle, du Petit-Poirier, de Longeville, de Gardette, de Marcillat, de La Varenne, des Gardais, de Saint-Georges, du Vergier; vicomtes de Gléné.

Châtellenies de Billy, de Chaveroche, de Souvigny.

ALLIANCES : De Saint-Aubin, du Mont, de Fougère, de Saint-Martin, de Vaux, de La Brosse, de Vellard, Gascon, Carrel, de Chambort, du Deffend, de La Richardie, Le Long, de Lingendes, Jolly, de La Blanchisse, de Veiny, de Villaine, Cymetière, de La Bazolle.

D'azur, au lion d'or, armé et lampassé de gueules.— Pl. XI.

Titres de Bourbon. — Arch. de l'Allier. — Noms féodaux.. — Vertot. — Regist. paroissiaux de Marcillat. — Arm. de la Gén. de Moulins. — Preuves des comtes de Lyon, à la Biblioth. de Lyon. — Mém. sur la Gén. de Moulins.

DE CHANTEMERLE, seigneurs de Chantemerle, de Goudailly, de Moles, de Bougy, de Pouilly. Bourbonnais, Charollais et Bourgogne.

Châtellenies de Billy, de Chaveroche, de Moulins.

ALLIANCES : De Vichy, de Saint-Priest.

D'or, à deux fasces de gueules, et neuf merlettes de même

disposées en orle, quatre en chef, deux aux flancs et trois en pointe — Pl. XI.

Titres de Bourbon. — Archives de l'Allier. — Noms féodaux. — Arch. du château de Vesvre. — Armorial de Gilles Le Bouvier. — Guichenon. — Segoing. — Hist. du Beaujolais, par M. de La Carelle. — Mazures de l'Isle-Barbe.

Dans l'Armorial de Gilles Le Bouvier, l'écu des Chantemerle ne porte que les deux *fasces* ou *burelles* sans les merlettes qui cependant font allusion au nom de la famille.

La branche de Bourgogne écartelait : *D'argent, au sautoir d'azur*. On voyait dans le chœur de l'église Notre-Dame de Dijon, le tombeau de Philibert de Chantemerle, seigneur de La Clayette, mort en 1419, qui portait ce blason ainsi écartelé (Louvain Géliot).

DE CHANTEMERLE, v. JACQUELOT.

DE CHANTOIS, seigneurs de Chantois. Forez et Bourbonnais.

Châtellenie de Billy.

ALLIANCES : Goyon, de Fay, du Port, d'Azergues.

Armoiries inconnues.

Titres de Bourbon

DE CHAPEAU, seigneurs de Chapeau, de La Cornilière.

Châtellenies de Moulins, de Bourbon

Alliance : Vigere.

Armoiries inconnues.

Noms féodaux. — Titres de Bourbon.

DE CHAPPES, seigneurs de Chappes, des Prugnes, de Druet, des Ouches. Originaires d'Auvergne, Bourbonnais.

Châtellenie de Murat.

Alliance : De Beaucaire.

De sable, à la bande d'or, chargée de trois croissants de..... — Pl. XI.

Noms féodaux. — Guill. Revel. — Nobil. d'Auvergne.

Le nom primitif de cette famille était Mécault ; Pierre de Chappes (de Capis), conseiller-clerc de Robert de France, comte de Clermont, sire de Bourbon, obtint de son seigneur, en considération de ses services, pour Jean Mécault et Perronelle, son père et sa mère, le mas de Prugnes, en la paroisse de Sazeret, et le chesaul dit Druet, en la paroisse de Chappes, moyennant douze deniers annuels de cens ; et pour lui Pierre de Chappes, divers cens et tailles sur la baillie de Beaucaire,

de 1314 à 1319. Ce changement de nom du père au fils, occasionné par des cessions d'immeubles faites à celui-ci, est à
remarquer. M. Bouillet pense que ce Pierre de Chappes, fils de
Jean Mécault, et conseiller-clerc de Robert, comte de Clermont, est le même personnage que Pierre de Chappes qui fut
conseiller-clerc en la grand'chambre du Parlement, chancelier
de France de 1317 à 1320, évêque d'Arras et de Chartres, puis
cardinal en 1327 et qui portait pour armes : *D'or à la croix
alésée d'azur.* Cela est possible, mais nous nous contentons
d'appeler l'attention sur l'opinion du savant auteur du *Nobiliaire d'Auvergne*, sans nous prononcer nous-même. Quoi
qu'il en soit, nous donnons ici, d'après Guillaume Revel, le
blason de Jean de Chappes, possessionné aux environs de
Murat, qui était probablement le neveu de Pierre. On trouve
dans Segoing mention d'une autre famille du Bourbonnais du
nom de Chappes, portant : *D'azur, à deux fasces ondées de
gueules ;* nous ne savons quelle était cette famille.

DE CHAPPETTES, v. RODILLON.

CHARBON DE VALTANGE, seigneurs de Valtange, de La Brosse.

Châtellenie de Moulins.

ALLIANCES : Semin, Faulconier, Martinot.

D'or, au chevron de gueules, accompagné en pointe d'une

aigle de sable, au chef d'azur, chargé de trois trèfles d'argent.
— Pl. XI.

Arm. de la Gén. de Moulins.

CHARBONNIER, seigneurs du Presnat, de Montmirat.

Châtellenies de Moulins, de Billy.

Alliances : Du Mont, Grand.

D'azur, au chevron d'or accompagné de trois étoiles d'argent. — Pl. XI.

Arch. de l'Allier. — Arm. Gén. — Mém. sur la Gén. de Moulins.

DE CHAREIL, seigneurs de Chareil, de Cordebœuf, de Breuil-ès-Champs, de Louzac, de Goyse.

Châtellenies de Chantelle, d'Ainay, de Belleperche.

Alliances : De Palerne, de Pierrepont.

Armoiries inconnues.

Arch. de l'Allier. — Titres de Bourbon. — Noms féodaux.

Il ne faut pas confondre cette maison d'ancienne chevalerie, éteinte vers 1500, avec une famille bourgeoise du même nom dont quelques membres exercèrent au XVIᵉ et au XVIIᵉ siècle, la profession de notaire et de petites charges de judicature à Chantelle et à Bourbon. (Archives de l'Allier).

CHARRETON, seigneurs de Beaulieu, de Rincé, du Tillou, de La Vault-du-Creux, de La Genebrière.

Châtellenie de Montluçon.

ALLIANCES : Pagier, Brignac, de Culant, Var-rouquier, Fourreton.

D'or, au chevron de gueules, surmonté d'une tête de maure de sable, tortillée d'argent, accompagné de trois chardons de sinople, fleuris de gueules. — Pl. XI.

Titres de Bourbon. — Noms féodaux. — Regist. paroissiaux de Montluçon. — Arm. de la Gén. de Moulins. — Preuves de chapelain conventuel de Saint-Jean de Jérusalem aux Archives du Rhône.

Ces armoiries se voient gravées, avec des épitaphes de membres de cette famille du XVIIIᵉ siècle, sur des dalles de l'église Notre-Dame de Montluçon. Un Charreton est aussi mentionné dans l'Armorial manuscrit, comme portant les armes que nous venons de décrire, écartelées aux 2 et 3 *d'azur, au lion d'or, accompagné de six étoiles de même, quatre en chef et deux en pointe.*

CHARRIER, seigneurs des Menitreux et des Bergeries.

Châtellenie de Moulins.

ALLIANCES : Rochet, Libault, Chabot.

D'azur, au vaisseau d'argent, au chef de même, chargé à dextre d'un chien barbet assis de sable, et à sénestre d'une cloche d'azur, bataillée d'or. — Pl. XI.

Archives de l'Allier. — Lettres-Patentes du roi Louis XVIII.

DE CHARRY, seigneurs de La Maisonfort, de La Motte-Jolivette, de Soupaize, de Tiel, de Givreuil, de La Boulonne, de Saint-Léon, de Saint-Voir, du Ryau, du Charnay ; barons de Châtel-Perron ; comtes d'Ainay ; marquis des Gouttes. Originaires du Nivernais.

Châtellenies de Belleperche, de Chaveroche, de Moulins, de Souvigny.

D'azur, à la croix ancrée d'argent. — Pl. XI.

Arch. de l'Allier. — Noms féodaux. — D'Hozier. — Preuves de Cour, à la Biblioth. nat. — Abrégé chronologique de la maison du Roi. — Arm. de l'ancien duché de Nivernais, etc.

On trouve les armes de cette famille sculptées sur des bâtiments dépendant du château du Ryau.

24

DE CHARS, seigneurs de Montgon, de Tersat. Originaires de Combraille.

Châtellenie de Chantelle.

Armoiries inconnues.

Noms féodaux. — Nobil. d'Auvergne.

CHARTON, seigneurs des Minardières, des Mauguins, de Rouzière.

Châtellenies de Moulins, de Billy.

Alliance : Pierre.

Armoiries inconnues.

Archives de l'Allier.

DE CHARTRES, seigneurs de Créanges.

Châtellenie de Bourbon.

De gueules, au chevron d'azur, accompagné de trois étoiles d'argent. — Pl. XI.

Noms féodaux. — Guill. Revel.

DU CHASTEAU, DE CHASTEAUBO-DEAU, etc., v. DU CHATEAU, DE CHATEAUBODEAU, etc.

CHASTENOIX, seigneurs de Tesche, de La Broce.

Châtellenies de Billy, de Chaveroche.

De sable, au chevron d'or, accompagné de quatre pointes de diamant de même, rangées en chef, et en pointe d'un arbre arraché d'argent. — Pl. XI.

Noms féodaux. — Guill. Revel.

CHATARD, seigneurs de Varennes, des Escurardes.

Châtellenies d'Hérisson, de Chantelle.

D'argent, au lion d'azur, armé et lampassé de gueules, accompagné en chef d'une étoile du second émail. — Pl. XI.

Noms féodaux. — Guill. Revel.

Il est probable que l'étoile de cet écusson est une brisure de cadet.

DU CHATEAU, seigneurs du Château, de Bernard-Jouffroy, de Beraud, de Varennes, de La Prairie, de Montais, de La Cour, de La Pierre, du Vieux-Cérilly, de Valigny, de La Feuille, de Colombière, du Pondy.

Châtellenies de Belleperche, de Montluçon.

Alliances : Esgrin, de Bonneau, de Trousse-bois, Mareschal, de Palays, Thomas, de Château-bodeau, des Boyaux, de Beaucaire, de Thianges.

D'argent, à trois lionceaux d'azur, armés et lampassés de gueules. — Pl. XI.

Archives de l'Allier. — Titres de Bourbon. — Noms féodaux. — Preuves de Malte des Charry aux Archives du Rhône.

Il est assez difficile de distinguer les membres de cette famille de ceux d'une famille du Châtel, de la Châtellenie de Billy, dont nous parlerons plus loin et qui nous paraît avoir une origine différente.

DE CHATEAUBODEAU, seigneurs de Châteaubodeau, de Saint-Farjol, de Coudard, du Bois, de Saisset, de Quinssaines, de Chezelle, du Vernay, du Chatelard, d'Anchon, de Boucheron, de Champ, de La Motte, d'Espalain, du Coudray, de Maleret, de Chaulx, de Beaubert, d'Usson, de La Garde, de Saint-Palais, de Monjouan, de La Verrie, de Bernay, de La Pierre ; comtes de Châteaubodeau ; barons de Chaulx. Originaires de Combraille, Bourbonnais et Auvergne.

Châtellenies de Montluçon, de Murat, de Gannat, de Belleperche.

ALLIANCES: De Lachenal, de Pérasset, de Farges, de Bonneval, du Ligondez, Alamarie du Coudart, de Murat, de Ressolles, du Château, de Beaucaire, de La Souche, de Bigny, Lucquin de La Boissière, Boilève, de Louan, Achard, Mallet, de Bullion, Huet de Courjamon.

D'azur, au chevron d'or, accompagné de trois quintefeuilles de même, celle de la pointe surmontée d'un croissant d'argent — Pl. XI.

Archives de l'Allier. — Noms féodaux. — Nobil. d'Auvergne. — Mém. sur la Gén. de Moulins. — Preuves de Malte. — Regist. paroissiaux d'Ygrande, du Veurdre, de Bagneux, — Vertot.

Nous donnons le blason de cette famille qui est resté inconnu à M. Bouillet (*Nobil. d'Auvergne*), d'après l'*Histoire de Malte* de Vertot. On le trouve décrit et figuré de diverses manières : selon l'Armorial manuscrit de la Généralité de Moulins il serait : *De gueules, à la fasce ondée d'argent*, ou *De gueules, à la fasce ondée d'argent, surmontée d'un château de même ;* dans des Preuves de Malte de la famille de Charry, que nous avons déjà eu occasion de citer, il est : *D'azur, au chevron d'or, accompagné de trois étoiles de même.* La tombe d'Isabelle de Châteaubodeau, dans l'église d'Ainay le Vieil (1665) porte également des étoiles.

DE CHATEAUNEUF, seigneurs de La Couldre, du Mas, de La Motte, de Pierrebonne, d'Issart, du Montet, de Donezon, de Buxière, de Maleret.

Châtellenies de Bourbon, d'Hérisson, de Montluçon.

ALLIANCES : Du Mas, de Laye, d'Avenières.

Armoiries inconnues.

Noms féodaux.

DE CHATEAUNEUF-MARCILLAT, seigneurs de Marcillat.

Châtellenie de Chantelle.

De sable, à trois trèfles versés d'or. — Pl. XII.

Nobil. d'Auvergne.

Cette famille, que nous croyons étrangère à celle qui précède, a longtemps possédé la seigneurie de Marcillat, près d'Ebreuil ; ce sont probablement ses armes avec un fer de flèche en abîme comme brisure, qui sont sculptées au-dessus de la porte latérale de l'église de Fleuriel.

DE CHATEAU-REGNAULT, seigneurs de Buxières, de Brocas.

Châtellenies de Bourbon, de Germigny.

Parti de sable et d'argent, à un château donjonné de trois tours de l'un en l'autre. — Pl. XII.

Noms féodaux. — Guill. Revel.

DU CHATEL, seigneurs du Châtel, d'Ussel, de Brieux, de Hauterive, de Salvert, de Crespin, de Pohent, de Lierres, de Sornay, de La Sarrée, des Ormées.

Châtellenie de Billy.

ALLIANCE : De La Guerche.

Armoiries inconnues.

Archives de l'Allier. — Noms féodaux.

CHATELAIN, seigneurs d'Arizolles.

Châtellenies de Vichy, de Belleperche.

ALLIANCES : Cachet, de Rymon, Marchand, Guillaud.

Armoiries inconnues.

Archives de l'Allier.

CHATELIER, seigneurs des Bourbes.

Châtellenies de Vichy, de Moulins.

Armoiries inconnues.

DE CHATELLUS al. DE CHATELUS, seigneurs de Châtelus, de Mauvernet, de Château-Morand, de Pierrefitte, de Billezais, de Ramon, de Sanceaux, de Luigny, de Pengut, du Vergier, de Valiers. Bourbonnais et Forez.

Châtellenies de Chaveroche, de Vichy.

ALLIANCES : De Valères, de Sauzet, de Brotalles, de Bourbon-Montperroux, de Senecey.

De gueules, au lion d'argent, armé, lampassé et couronné d'or. — Pl. XII.

Cette famille prit son nom d'une seigneurie située sur les confins du Bourbonnais et du Forez. On voit dans l'église de Saint-Pierre-Laval, la tombe gravée d'un seigneur de Châtelus : cette tombe porte, gravée au trait, la figure d'un chevalier en costume de guerre, l'épée au côté, ayant près de lui, à gauche, son écu chargé d'un lion ; à sa droite est une longue croix qui repose sur une sorte de piédestal. Cette figure a les mains jointes et est sous une arcade trilobée accostée de deux anges qui encensent. Autour de la dalle se lit l'inscription suivante en lettres capitales gothiques assez difficiles à déchiffrer : HIC: JACET: EVSTACHIVS: DE CHATELVT: DOMICEL: QVI: OBIIT: DIE MARTIS ET POST FESTAM BEATI BARNABE: ANO M°CC°OCTVAG°: SEPTIM°: AIA:..... DE: REQVIESCAT: IN PACE. AMEN.

Dans sa savante histoire trop modestement intitulée « *Esquisse historique de Châteaumorand* » M. l'abbé Reure donne, de cette inscription, la lecture suivante : *Hic Jacet Eustachius de Chatelluzt domicellus (quondam ?), qui obiit die Martis post festum beati Barnabe anno Domini millesimo ducentesimo octagesimo septimo. Anima ejus per misericordiam Dei requiescat in pace. Amen.* (Le Roannais illustré, troisième série, p. 7).

Ce qui rend cette tombe particulièrement intéressante, c'est que les anges, la tête, les mains et les pieds du chevalier, les ornements de la croix, le ceinturon de l'épée et le lion de l'écu sont incrustés en pierre calcaire, dans le grès assez grossier dont la dalle est formée, de même que souvent on trouve des parties incrustées en marbre dans des dalles tumulaires en pierre calcaire.

L'*Inventaire des sceaux de Clérembault* mentionne le sceau de Pierre de Châtelus, dit Plotard, chevalier, de 1373, qui porte un écu *au lion couronné, à la bande brochant.*

DE CHATELLUS, seigneurs de Châtellus, de Chastenay, de Marcilly, du Pleix.

Châtellenies de Billy, de Souvigny, de Verneuil.

D'azur, au chef cousu de gueules, chargé de deux besants d'or, à la bordure de même. — Pl. XII.

Noms féodaux. — Guill. Revel.

DE CHATEL-MONTAGNE, v. MONT-MORILLON.

DE CHATEL-PERRON, seigneurs de Châtel-Perron, de Lurière, de Lavernoy, de Château-Morand, de Gevardon. Bourbonnais, Forez, Nivernais et Auvergne.

Châtellenie de Chaveroche.

ALLIANCES : De Randan, de Châtillon-en-Bazois, etc.

Ecartelé d'or et de gueules. — Pl. XII.

Titres de Bourbon. — Noms féodaux. — Nobil. d'Auvergne. — Segoing. — Invent. des Titres de Nevers. — Fiefs du comté de Forez.

« La famille de Châtel-Perron, dit M. Bouillet, déjà puis-
« sante au temps de Philippe-Auguste, qui lui fit don de la
« terre et du château de Gerzat, près de Clermont, succéda,
« vers 1220, à la maison de Randan, par le mariage de Jeanne
« de Randan, fille et héritière de Baudoin, avec Guillaume de
« Châtel-Perron. Leurs descendants, qui portèrent plus tard le
« nom et les armes de Saligny, s'illustrèrent par leurs alliances
« et par les dignités dont plusieurs furent revêtus..... Une
« autre branche, qui avait retenu le nom de Châtel-Perron,
« posséda longtemps la seigneurie de La Ferté-Chauderon en
« Nivernais ». V. SALIGNY.

DE CHATILLON, seigneurs de Jaligny, de Billezois, de La Palice; barons de Châtillon-en-Bazois. Originaires du Nivernais.

Châtellenie de Chaveroche.

ALLIANCES: De Châtel-Perron, de Mello, etc.

Losangé d'or et d'azur. — Pl. XII.

Titres de Bourbon. — Noms féodaux. — Inv. des Titres de Nevers. — Nobil. d'Auvergne. Hist. des grands officiers de la Couronne. — Armorial du Nivernais.

DE CHAUMEJEAN, seigneurs de Chaume-jean, de Givry, des Ternes, de Serre; marquis de Fourille. Bourbonnais et Touraine.

Châtellenies de Souvigny, de Verneuil, d'Ussel.

ALLIANCES: De Givry, Seguin, Piovene, Testu.

D'or, à la croix ancrée de gueules. — Pl. XII.

Arch. de l'Allier. — Noms féodaux. — Guillaume Revel. — Mém. de Castelnau. — Mém. sur la Gén. de Moulins. — Abrégé chronologique de la maison du Roi. — Roy d'armes. — Dict. de la Noblesse. — Tablettes hist. et généalogiques.

Guillaume Revel figure les armes de *Colas de Chaumejhan*, possessionné aux environs de Verneuil: *D'argent, à la croix ancrée de sable, chargée en cœur d'une coquille du champ.* Le P. Gilbert de Varennes attribue à cette famille le même blason, sauf la coquille, qui était sans nul doute une brisure de cadet; nous avons cru toutefois devoir donner les armoiries des Chaumejean telles qu'ils les portèrent en dernier lieu, et telles qu'on les trouve dans la plupart des ouvrages. La terre de Fourille, près de Chantelle, avait été érigée en marquisat, en 1610, pour Blaise de Chaumejean ; en 1662, le marquis de Fourille, établi en Touraine, ayant été obligé de vendre son fief du Bourbonnais, le roi érigea en sa faveur, en marquisat de Fourille, la baronnie d'Auvrigny-la-Touche.

DE CHAUSSAING, seigneurs de Chaussaing, de Munay, de Charnoy.

Châtellenies de Chaveroche, de Moulins.

ALLIANCES : De Saultembierre, de Launay, des Ormes, de Beauloy, de Doyat, de Bonnay, de Seneret.

D'azur, à la bande d'or, accompagné de deux étoiles de même, à la bordure de gueules. — Pl. XII.

Noms féodaux. — Guill. Revel. — Arch. de l'Allier. — Nobil. d'Auvergne.

Le blason d'Henri de Chaussaing, figuré dans l'Armorial de Guillaume Revel, a été en partie effacé, la bordure de gueules a seule conservé sa couleur ; nous donnons donc les armes indiquées par M. Bouillet. Cette famille se fondit, en 1529, dans celle de Seneret, qui en prit le nom et les armes.

DE CHAUSSECOURTE, seigneurs d'Outrey, de Truchavent, de Cortet, de Leux, de Douzon, de

Puyhault, de Masières, de Montfloux, de Manelly, de Brayer, du Chalar, de La Bouchate, de Goutière, de Châlus. Originaires de Combraille, Bourbonnais, Forez et La Marche.

Châtellenies de Montluçon, de Chantelle.

ALLIANCES : De Châtellus, de Rochedragon, de Brundon, de La Buxière.

Parti emmanché d'argent et d'azur. — Pl. XII.

Archives de l'Allier. — Noms féodaux. — Guill. Revel. -- Preuves des comtes de Lyon. — Regist. paroissiaux de Montluçon. — Inv. des Titres de Nevers.

DE CHAUVIGNY DE BLOT, al. DE CHOUVIGNY, seigneurs de Chouvigny, de Saint-Gal, du Vivier, du Défand, de Salpaleyne, de Salles, d'Urbise, de Beaudéduit, de Janzat, du Plein, des Claudis, de Montespedon, du Reray, de Gourdon, de Saint-Georges, de Saint-Pardoux, des Mazures, de Pouzol, de Chazeuil, de Sauzet, de Nades, de La Lisole, de Saint-Just, de Valençon, de Saint-Gerand-le-Puy, de Garnat, de Gouyse, de Taconay, de La Motte-Morgon, de Saint-Loup, de Parey, de Rozier, de Montmorillon, de Bonnebaud, de Rut-tère, de Vaulx, de Saint-Agoulin, du Darrot, de Sainte-Christine ; barons de Blot-l'Eglise et de Blot-le-Rocher ; comtes de Chauvigny de Blot. En Bourbonnais et en Auvergne.

Châtellenies de Chantelle, de Gannat, de Billy, de Verneuil, de Vichy, de Montluçon, d'Hérisson, de Murat.

ALLIANCES : De Bourbon, de Saint-Germain, des Peschin, de Blot, etc.

Ecartelé : aux 1 et 4 de sable, au lion d'or, armé et lampassé de gueules : et aux 2 et 3 d'or, à trois bandes de gueules. — Pl. XII.

Archives de l'Allier. — Titres de Bourbon. — Noms féodaux. — Guill. Revel. — Nobil. d'Auvergne. — Ancien Bourbonnais, etc.

Le nom de cette ancienne famille de chevalerie du Bourbonnais, dans laquelle se fondit l'illustre maison de Blot, se trouve écrit *Chauvigny, Chovigny, Chouvigny ;* nous avons adopté l'orthographe des *Noms féodaux.* Guillaume Revel figure les armoiries de cette famille écartelées *aux 2 et 3 d'or, à cinq cotices de gueules.*

Un sceau de 1421, de Jean de Chauvigny de Blot, porte un *écu écartelé : aux 1 et 4 d'un lion ; aux 2 et 3 à trois bandes ;* cet écu penché, timbré d'un heaume à lambrequins, cimé d'un lion au milieu d'un vol, sur champ réticulé ; avec cette légende : S IEHAN DE CHAUVINGNY S DE BLOT, en lettres minuscules gothiques. *(Invent. des sceaux de Clérembault).*

DE CHAVAGNAC, seigneurs d'Auriac, de Lugarde, etc. ; marquis de Chavagnac. Originaires d'Auvergne, Forez, Champagne et Bourbonnais.

Châtellenie de Billy.

De sable, à trois fasces d'argent et trois roses d'or rangées en chef. — Pl. XII.

Noms féodaux. — Guill. Revel. — Nobil. d'Auvergne. — Dict. de la Noblesse. — D'Hozier.
— Moreri.

Dans l'Armorial de Guillaume Revel, l'écu de *Jehan de Chavanhac* est : *De sable, à deux fasces d'argent et trois roses d'or rangées en chef.* — Pl. XII.

DE CHAVEROCHE, seigneurs de Chaveroche.

Châtellenies de Murat, d'Hérisson, de Verneuil.

Armoiries inconnues.

Noms féodaux.

DE CHAZAY, seigneurs de Cordebœuf.

Châtellenie de Billy.

D'or, au chevron de gueules. — Pl. XII.

Archives de l'Allier. — Guill. Revel. — Armorial de Gilles Le Bouvier.

DE CHAZERAT, seigneurs de Gondailly, de Seichalle, de Ligonnez, de Puyfol, de Cigourgue. Originaires du Berry, Bourbonnais et Auvergne.

Châtellenies de Billy, de Chaveroche.

ALLIANCES : De Nicolaï, d'Obeilh, de Laire, Montlenié, Perot.

D'azur, à l'aigle d'or. — Pl. XII.

Arch. de l'Allier. — Noms féodaux. — Nobil. d'Auvergne. — Arm. de la Gén. de Moulins.

M. Bouillet ajoute à ces armes une bordure de gueules chargée de huit besants d'argent.

DE CHAZERON, v. DE MONESTAY.

CHENEBRARD, seigneurs de Coudray, de La Tour, de Courdin, de Barsagne.

Châtellenie de Moulins.

ALLIANCES : D'Espineu, Dupuy.

Armoiries inconnues.

Arch. de l'Allier. — Registres paroissiaux d'Iseure. — Mém. sur la Gén. de Moulins.

CHENET, al. CHENEZ, seigneurs de Somaborse, d'Eschalette, de Tortezay, de Luzeray.

Châtellenies de Billy, de Verneuil.

ALLIANCE : Celerier.

Armoiries inconnues.

Noms féodaux.

DE CHENILLAC, seigneurs de Chenillac, des Aix, de Viellefont.

Châtellenies d'Hérisson , de Verneuil, de Chantelle, de Gannat.

ALLIANCES : Celerier, de Montjournal.

Armoiries inconnues.

Noms féodaux.

Nous croyons cette famille, connue dès la fin du XIIIe siècle, complètement distincte de la famille Le Long de Chenillac qui posséda, au XVe, les mêmes seigneuries.

DE CHERMARTIN, seigneurs de Chermartin, des Boutonnats, de La Bresle.

26

Châtellenies de Vichy, de Billy.

ALLIANCES: De Sistel, de Carrouges.

Armoiries inconnues.

Archives de l'Allier. — Mém. sur la Gén. de Moulins.

CHERVIEL, seigneurs de Forion.

Châtellenie de Moulins.

De sinople, au chevron d'or, accompagné de trois étoiles d'argent. — Pl. XII.

Lettres de Noblesse enregistrées aux Archives de l'Allier.

DE CHÉRY, seigneurs de Chéry al. du Chéry, du Moulin-Porcher, etc.; marquis de Chéry. Originaires du Bourbonnais, Berry et Nivernais.

Châtellenies de Souvigny, de Verneuil, d'Ainay.

D'azur, à la bande de gueules, accompagnée de trois roses d'argent. — Pl. XII.

Archives de l'Allier. — Noms féodaux. — Guillaume Revel. — D'Hozier. — Preuves de Malte, aux Archiv. du Rhône. — Vertot. — Arm. du Nivernais, etc.

Cette famille prit son nom d'un petit fief situé près de Souvigny, qu'elle paraît avoir possédé jusqu'au milieu du

XVIᵉ siècle; elle quitta alors le Bourbonnais pour venir s'établir en Nivernais. Nous donnons ici, d'après Guillaume Revel, les anciennes armes de cette famille qui porta depuis: *D'azur, au chevron d'or, accompagné de trois roses d'argent, boutonnées du second émail.* Nous renvoyons, pour le blason *à enquerre* des Chéry, à ce que nous avons dit plus haut, en parlant des armes de la famille Aubert.

CHEVALIER, seigneurs du Vergier, de Bevron, des Garennes.

Châtellenie de Moulins.

ALLIANCES : De La Garde, Rogier, de La Côdre, Coudonnier, Rivet.

Armoiries inconnues.

Archives de l'Allier.

DE CHEVANNES, seigneurs de Chevannes, de Laugière.

Châtellenie de Chaveroche.

Armoiries inconnues.

Noms féodaux.

CHEVARRIER, seigneurs des Boulards, de La Gaye, d'Idogne.

Châtellenies de Gannat, de Vichy.

ALLIANCES : Rabusson, Pinaud, Charlet, Chomel, Franconin de Rouzat, Mollet, Vernoy, Bernard, Ribauld de La Chapelle, Legras, de Longueil, Le Normant de Flaghac, Robert, Legendre de Fongainville, de Pène d'Argagnon.

D'azur, au chevron accompagné en chef de deux étoiles, et en pointe d'un croissant, le tout d'or, au chef cousu de gueules chargé d'un soleil du second émail. — Pl. XII.

Archives de l'Allier, — Noms féodaux. — Arm. de la Gén. de Moulins. — Regist. paroissiaux de Gannat, de Saint-Germain-des-Fossés, de Mazerier. — Preuves de chapelain conventuel de l'ordre de Malte aux Archives du Rhône.

Nous donnons ces armoiries telles que les fit enregistrer en 1695, Marie Chevarrier, femme de Gilbert Bernard, élu en l'élection de Moulins, mais il se peut que ce blason soit celui du mari, que nous n'avons trouvé nulle part, et non celui de la femme. L'*Annuaire de la noblesse* pour 1887 renferme une généalogie abrégée des Chevarrier auxquels est attribué le blason suivant : *D'argent, à la fasce de gueules, chargée de trois cœurs d'or et accompagnée de trois lions coupés de sable et d'hermine, armés et lampassés de gueules.*

DE CHEVENON, v. DE BIGNY.

DE CHIROUX, seigneurs de Chiroux.

Châtellenie de Gannat.

Armoiries inconnues.

Noms féodaux. — Nobil. d'Auvergne — Tabl. historique de l'Auvergne.

DE CHITAIN, seigneurs de Chitain, de Saint-Etienne, de La Prugne, de Puy-Rembauld.

Châtellenies de Chaveroche, de Billy.

ALLIANCES : Clément, de Poilvilain, Rouher.

Armoiries inconnues.

Archives de l'Allier. — Titres de Bourbon. — Noms féodaux. — Regist. paroissiaux de Montaigu-le-Blin, de Ciernat.

CHOL al. CHOUL, seigneurs du Roset, de La Fontanère, des Nozières.

Châtellenies de Chaveroche, de Moulins.

De gueules, à trois rameaux d'argent, à la bordure cousue de sable. — Pl. XII.

Noms féodaux. — Guill. Revel.

On trouve, dans Guillaume Revel, un personnage de cette

famille possessionné à Châtel-Perron, dont l'écu porte : *Parti de sable, au lion d'argent, armé et lampassé de gueules ; et de gueules, au rameau de trois feuilles d'argent.*

CHOMEL, seigneurs de Montcoquier, de Linars, de Gravière, de Montbrigou. Originaires du Vivarais, Bourbonnais et Paris.

Châtellenies de Gannat, de Verneuil.

ALLIANCE : Des Champs.

D'or, à l'aigle au vol abaissé de sable, accompagnée de trois chardons fleuris d'azur, tigés et feuillés de sinople, rangés en pointe. — Pl. XII.

Noms féodaux. — Arch. de l'Allier. — Regist. paroissiaux de Gannat. — Arm. de la Gén. de Moulins. — Biogr. universelle.

La famille Chomel, dont le nom est célèbre dans les annales de la médecine et de la science depuis le milieu du XVIII° siècle, a une origine commune avec la famille du même nom du Parlement de Paris qui portait pour armes : *Ecartelé : aux 1 et 4 d'or, à la fasce d'azur, chargée de trois billettes d'argent ; et aux 2 et 3 d'azur, au chevron d'or, accompagné en chef de deux étoiles, et en pointe d'un mouton, le tout d'or.*

Les armes des Chomel du Bourbonnais se voient au revers de jetons portant les dates 1738, 1739, 1740, qui offrent au droit les traits de Jean-Baptiste Chomel, doyen de la Faculté de médecine de Paris ; nous connaissons deux variétés de ces jetons à peu près identiques ; sur l'une, l'aigle est accompagnée en pointe de trois coquilles, cette erreur héraldique est corrigée sur l'autre variété qui offre les trois chardons, seulement ils sont figurés sans tige et sans feuilles. Un troisième jeton du même personnage a pour revers, au lieu de son blason, les trois grues surmontées d'un soleil, et les légendes : URBI ET ORBI SALVS, et FACULT. MEDIC. PARIS. 1754. 1755. 1756, type habituel des jetons de la Faculté de médecine de Paris. (Voir notre *Numismatique bourbonnaise*).

CHRESTIEN, seigneurs de Blanzat, de La Fay, du Tremblay, de Briailles, de Segange, de Bricadet, de Loriges, de Bonnefond, de Paray, de La Rivière.

Châtellenies de Billy, de Chantelle, de Moulins, de Gannat, de Verneuil.

ALLIANCES : Colin, Richard, Bianki, Philippe, Bardon.

D'azur, à la foy, accompagnée en chef d'un soleil et en pointe d'une fleur de lys, le tout d'or. — Pl. XII.

Archives de l'Allier. — Noms féodaux. — Regist. paroissiaux d'Iseure. — Dict. de la Noblesse. — Arm. Gén.

Les armes de cette famille se trouvent aussi quelquefois : *D'azur, au chevron surmonté d'une foy et accompagné en pointe d'une fleur de lys, le tout d'or.* Elles sont ainsi gravées sur la dalle funéraire de Catherine Chrestien, veuve de François Bardin, morte en 1690, conservée au Musée de Moulins.

CISTEL, al. SISTEL ou DE LISTEL, seigneurs de Martinanches, de La Garde, de Violle.

Châtellenie de Vichy.

ALLIANCES : Raynaud, Capponi, Mareschal.

D'azur, au chevron d'or, accompagné de trois tulipes de même. — Pl. XII.

Archives de l'Allier. — Armorial Général.

Nous pensons que le nom de cette famille, maintenue comme noble en 1689, est Cistel; toutefois nous l'avons vu souvent écrit Sistel et Listel ou de Listel et nous ne pouvons nous prononcer d'une manière sûre sur son orthographe réelle.

DU CLAUX, al. DU CLOS DE L'ESTOILLE, seigneurs de Fontnoble, de Coulombiers; barons de La Tour-Fromentalet; comtes de l'Estoille. Auvergne, Bourgogne et Bourbonnais.

Châtellenie de Gannat.

ALLIANCES : De Veiny, Regis, d'Ossandon, de Terrière, de Reclaines, de Saint-Georges, de Franquemont, des Crots, de Lattier, de Belriant, de Sommièvre, Guerin de La Rochette.

D'azur, à la fasce d'argent, accompagnée en chef de deux coquilles d'or, et en pointe d'une aigle de même. — Pl. XIII.

D'Hozier. — Nobiliaire d'Auvergne.

DE CHUY, seigneurs du Plaux et de Perreaux.

Châtellenie de Vichy.

Armoiries inconnues.

Archives de l'Allier.

DU CLUSEL, seigneurs du Clusel, de Girin, de Croix, de Melles, de Verney.

Châtellenies de Chantelle, d'Hérisson.

Armoiries inconnues.

Noms féodaux.

DU CLUZIER, seigneurs de La Vausène, de La Prugne, de Tignat.

Châtellenies de Chantelle, de Gannat.

Alliances : Blein, d'Autour.

Armoiries inconnues.

Noms féodaux.

DE CLUYS, seigneurs de La Cépière, de Reimbert, de Fougerolles, de La Faye, de Vernassou, des Gourdes, des Gouttes ; barons de Gouzon. Bourbonnais et La Marche.

Châtellenies d'Ainay, d'Hérisson, de Germigny, de Murat.

Alliances : De La Faye, de Courtais, de Malesset, du Gourd, Manceau.

D'azur, au léopard d'or, armé et lampassé de gueules. — Pl. XIII.

Arch. de l'Allier. — Noms féodaux. — Arm. Gén. — Mém. sur la Gén. de Moulins.

Il ne faut pas confondre cette famille avec une branche bâtarde de la maison de Bourbon, fort peu connue du reste, qui fut possessionnée en Nivernais.

Le sceau de Plotard de Cluys, de 1418, portait un écu à *un lion,* cet écu penché, timbré d'un heaume à lambrequins, cimé d'une tête d'aigle; celui de Pierre de Cluys, de 1565, portait aussi un écu à *un lion (Invent. des sceaux de Clérembault).* Il est donc probable que les armoiries primitives de cette famille étaient un lion.

COIFFIER, seigneurs du Tilloux, des Nonettes, d'Idogne, de Forges, de Lusigny, de La Motte-Mazurier, de Demoret, des Loges, de Guittière, de Lavin, de Neuvy, de Belair, de Verfeu, de Lorme, de Tiloux, de La Fay ; barons de Breuille ; comtes de Coiffier. Originaires d'Auvergne.

Châtellenies de Murat, de Montluçon, de Bourbon, de Moulins.

ALLIANCES : Maréchal, de Champfeu, de Culant, Mulatier de La Trolière, de Lapelin, Boirot, de La Motte d'Apremont, Cadier.

D'azur, à trois coquilles d'or. — Pl. XIII.

Noms féodaux. — Hist. des grands offic. de la Couronne. — Dict. de la Noblesse. — Tabl. chronologique. — Nobil. d'Auvergne, etc.

La branche aînée de cette famille, illustrée par le maréchal d'Effiat et par le célèbre marquis de Cinq-Mars, étrangère au Bourbonnais, prit le nom et les armes de Ruzé ; ses armes étaient : *De gueules, au chevron fascé ondé d'argent et d'azur de six pièces, accompagné de trois lionceaux d'or.* On trouve quelquefois, au XVIIIe siècle, les armes des membres de la branche bourbonnaise des Coiffier, écartelées de ce dernier blason ; c'est ainsi qu'elles se voient sculptées sur la façade de l'ancien Hôtel Babute, devenu l'Hôtel Demoret.

DE COLIGNY-SALIGNY, seigneurs de La Motte-Saint-Jean, des Rousses, de Dorne ; comtes et marquis de Saligny. Originaires de Bresse.

Châtellenie de Chaveroche.

ALLIANCES : De Montjournal, de Montmorin, de Roquefeuille, de Fresnay, etc.

Ecartelé : aux 1 et 4 de gueules, à l'aigle d'argent, becquée, membrée et couronnée d'azur, qui est de Coligny ; *et aux 2 et 3 de gueules, à trois tours d'argent,* qui est de Saligny. — Pl. XIII.

Arch. de l'Allier. — Hist. des grands offic. de la Couronne. — Hist. de la maison de Coligny. — Regist. paroissiaux de Saligny et de Dompierre. — Dict. de la Noblesse, etc.

Branche de l'illustre maison de Coligny, qui eut pour auteur Jacques de Coligny, dit *Lourdin,* seigneur de Saligny, fils de Guillaume de Coligny, seigneur d'Andelot, et de Catherine, dame de Saligny, à qui son aïeul maternel donna, par son testament de 1441, tous les biens de sa maison, à condition qu'il en prendrait le nom et les armes ; cette clause fut d'abord exécutée à la lettre, nous devons à notre ami M. Henri Morin-Pons, une curieuse pièce de mariage qui porte les armes de Jacqueline de Coligny-Saligny, mariée en 1566 à Jean de Durat. Ces armes ne portent que les trois tours ; mais on voit au-dessus de la porte du château de Saligny, les armes de Gaspard Ier de Coligny-Saligny accolées à celles de sa femme, Françoise de La Guiche, qu'il épousa en 1584, et ce blason est semblable à celui que nous donnons ci-dessus. (Voir notre *Numismatique bourbonnaise.*)

COLLASSON, seigneurs de Fontis.

Châtellenie de Montluçon.

ALLIANCE : Chaumet.

D'azur, à la rose d'argent, posée au flanc dextre de l'écu, surmontée d'une étoile d'or posée au canton dextre du chef, et accompagnée de deux autres étoiles de même, posées une à chaque canton de la pointe, et une patte de lion du second

émail, posée en fasce, mouvant du flanc sénestre de l'écu. —
Pl. XIII.

Arch. de l'Allier. — Arm. Gén.

COLLIN, seigneurs de Besnay, de Belleroche, de Bouis, du Breuil.

Châtellenies de Vichy, de Chantelle.

ALLIANCES : Pinault, Giraudet, de Gassion.

Armoiries inconnues.

Archives de l'Allier.

Le *Nobiliaire de Saint-Allais* donne (t. III) une assez longue
généalogie d'une famille Collin qui, originaire du Bourbonnais, aurait quitté cette province dans la première moitié du
XVIe siècle, pour aller habiter la Touraine, la Champagne et
le Barrois.

Nous n'avons trouvé dans aucun document authentique les
noms des premiers degrés, les seuls bourbonnais, de cette
famille, à laquelle pourraient peut-être se rattacher les Collin
des châtellenies de Vichy et de Chantelle, connus seulement
depuis la fin du XVIe siècle et dont la position était assez
modeste.

Les Collin de Gévaudan, qui faisaient, au XVIIe siècle, partie
de la noblesse bourguignonne et nivernaise, pourraient aussi
se rattacher à cette souche; ils ont eu, dans tous les cas, de
bonnes alliances en Bourbonnais. Leurs armes sont : *D'azur,
au sautoir d'argent, chargé en cœur d'une aigle de sable, et
accompagné en pointe de trois tiges de lys d'argent.*

La famille mentionnée par Saint-Allais portait : *Tiercé en fasce : au 1 de sinople, à l'aigle d'or, accompagnée en pointe d'un croissant montant d'argent ; au 2 d'argent, à l'écusson d'azur, chargé d'une rose d'argent, tigée et feuillée de même, boutonnée de gueules, liée d'un lac d'or, au chef papelonné de trois pièces d'argent ; au 3 de sable, au lion léopardé d'or.*

DU COLOMBIER, seigneurs de Montcoquier.

Châtellenies de Chantelle, de Moulins, de Souvigny, de Verneuil.

ALLIANCE : De Montfan.

Armoiries inconnues.

Noms féodaux.

DE COMBES, seigneurs d'Escolettes, des Morelles, du Puylo, de Saint-Bonnet, de Vendat, du Ligondez, de La Regonnière. Auvergne et Bourbonnais.

Châtellenies de Chantelle, d'Ussel.

De gueules, au vol d'or, au chef cousu d'azur, chargé de trois étoiles d'argent. — Pl. XIII.

Noms féodaux. — Regist. paroissiaux de Broût-Vernet. — Nobil. d'Auvergne.

DE CONNY, seigneurs de La Fay, de La Motte-de-Sable, de Toury-sur-Besbre, de Chambonnet, de Valvron, de l'Hôpital, de La Tour-Porçain, de l'Epine, de La Vernède, de Montal ; vicomtes de Conny.

Châtellenie de Chaveroche.

ALLIANCES : Jollet, de Caconnet, Préveraud, de Chassenay, Jacquelot de Chantemerle, Simon de Quirielle, Meilheurat, de Bodinat, Bardonnet de La Toulle, Frotier de Bagneux, de Barral, de La Celle.

D'azur, au chevron d'or, accompagné de trois taus de même. Pl. XIII.

Archives de l'Allier. — Waroquier de Combles. — D'Assier, Mémorial de Dombes. — Regist. paroissiaux d'Iseure. -- Titre par Lettres-Patentes du roi Louis XVIII, de 1816.

LE CONTE, seigneurs de Mauvesinière.

Châtellenies d'Hérisson, de Murat.

D'azur, à la bande d'argent chargée de trois merlettes de sable. — Pl. XIII.

Noms féodaux. — Guill. Revel.

DE CORDEBŒUF, seigneurs de Cordebœuf, de Beauverger, de Coren, de Mentières, de Talizat, de Bromont, de La Malleraye, de Matroux, d'Aubusson, de Boissonnelle, de Boucherat, de Sauzet, de Monteil, de La Souchère, de La Motte-Mérinchal ; comtes de Montgon. En Bourbonnais et en Auvergne.

Châtellenie de Verneuil.

ALLIANCES : Blanche, de Léotoing, de Monestay, de Chabannes, de Chazeron, de Chouvigny, de La Rochefoucauld, de Bonnevie, du Plantadis, de Sarre, de Bosredont, de Beaune, de La Barge, Sublet d'Hendicourt, de Montmorin.

Ecartelé en sautoir d'hermine et de sable, à la bordure de l'un en l'autre. — Pl. XIII.

Arch. de l'Allier. — Noms féodaux. — Nobil. d'Auvergne, etc.

Cette famille, dans laquelle s'était fondue une branche de celle de Beauverger, comme nous l'avons dit plus haut, fut substituée, à la fin du XVIe siècle, aux nom et armes de Léotoing-Montgon, par suite du mariage de Bénigne de Cordebœuf avec Louise de Léotoing-Montgon. La famille porta alors pour blason selon le *Nobiliaire d'Auvergne : Ecartelé : aux 1 et 4 contrécartelé d'or, à trois fasces de sable et échiqueté d'argent et d'azur, au chef de gueules,* qui est de Léotoing-Montgon ; *et aux 2 et 3 contrécartelé en sautoir d'hermine et d'argent, à deux fasces d'azur,* qui est, non pas de Cordebœuf, comme le dit Bouillet, mais bien de Beauverger ou du moins imité de Beauverger, qui portait, comme il a été dit ci-dessus : *Burelé d'argent et d'azur, flanqué d'hermine.*

Le blason primitif des Cordebœuf avait été, du reste, tout à fait mis de côté car il ne figure pas non plus dans les armoiries nouvelles de cette famille, diversement données par les héraldistes du XVIIIᵉ siècle ; dans du Buisson, les armoiries sont : *Ecartelé au 1 fascé d'argent et de sable ; aux 2 et 3, échiqueté d'azur et d'argent, au chef de gueules ; au 4 d'azur, au lion léopardé d'or, au chef d'hermine, et sur le tout, écartelé en sautoir d'azur et d'hermine.* Dans Chevillard, elles sont : *Coupé : en chef échiqueté d'azur et d'argent, au chef de gueules et, en pointe, fascé de sable et d'or de huit pièces ; et sur le tout, burelé d'argent et d'azur, flanqué d'hermine.*

CORDIER, seigneurs de Vallières, d'Avrilly, de Droussay, de La Motte, de Chapeau.

Châtellenie de Moulins.

ALLIANCE : De La Mousse.

D'azur, à trois tiercefeuilles d'argent. — Pl. XIII.

Archives du château du Ryau. — Guill. Revel. — Titres de Bourbon.

CORDIER, seigneurs de Breuilly, de Montifaut.

Châtellenie de Moulins.

ALLIANCES : De La Roche , Hugon de Givry, Cadier, Rouher, de La Lande.

D'azur, au chevron d'or, accompagné de trois roues de même. — Al. D'argent, à trois roues de sable. — Pl. XIII.

Archives de l'Allier. — Arm. Gén. — Tabl. chronologique.

Nous ne pensons pas que cette famille relativement récente et d'origine bourgeoise, soit la même que celle mentionnée ci-dessus dont le blason est reproduit dans l'*Armorial* de Guillaume Revel.

L'*Armorial général* donne encore une variante de l'écusson des Cordier de Montifaut : Jean Cordier, avocat à Moulins, portait : *D'argent, à trois roues de sable, et un cor de chasse de même, virolé d'or, chargé du mot DIEU,* en lettres gothiques d'or, en pointe. Cette dernière pièce héraldique constituait un blason *parlant* par à peu près.

DE CORGENAY, seigneurs de Corgenay, de Fleuriet.

Châtellenie de Moulins.

ALLIANCES : Le Clerc du Luz, Breverel.

Palé d'argent et d'azur, la deuxième pièce du palé chargée d'un croissant d'argent placé en chef, à la bordure de gueules.

Arch. de l'Allier. — Noms féodaux. — Guill. Revel.

Les *Noms féodaux* mentionnent un aveu et dénombrement rendu, en 1452, par Michel de Corgenat, écuyer, et Hérarde du

Luz, sa femme, fille d'Etienne Le Clerc, dit du Luz, bourgeois de Souvigny ; il est écrit au dos de cette pièce que la qualité d'écuyer doit être prouvée, l'avouant étant étranger. L'écu de ce Michel de Corgenat, figuré dans l'*Armorial* de Guillaume Revel, paraît avoir été dessiné après les autres. On trouve les armes de cette famille sculptées en divers endroits de la petite nef méridionale de l'église de Neuvy, construction des premières années du XVIe siècle. Le fief de Corgenay faisait partie de la paroisse de Neuvy.

DE COSNE, seigneurs de Cosne.

Châtellenie d'Hérisson.

Armoiries inconnues.

Thesaurus Sylviniacensis. — Anc. Bourbonnais.

COUDONNIER, seigneurs de Laugère.

Châtellenie de Moulins.

ALLIANCES : Poncet, Chevalier, Morel.

D'azur, au chevron d'or, accompagné de trois roses de même, au chef d'argent, chargé de deux étoiles de gueules. — Pl. XIII.

Arch. de l'Allier. — Noms féodaux. — Arm. Gén.

DE COULON, seigneurs de Laubépierre.

Châtellenie de Moulins.

Ecartelé : aux 1 et 4 d'argent, au lion de sable ; et aux 2 et 3 d'or, au chef du second émail. — Pl. XIII.

Noms féodaux. — Guill. Revel.

DE COURTAIS, seigneurs de Doyet, de La Souche, de Chassignolle, de Sauzay, de La Guerche, de La Courcelle, de Salvert, de Saint-Maur, de Laumain, du Puy, de Neuville, de Laspierre, de Ronfieri, du Bois, de Montebras, de Varennes, des Moreaux, de La Serre ; vicomtes de Courtais. Originaires d'Auvergne.

Châtellenie de Montluçon.

ALLIANCES : Tiercelin, de La Souche, Le Borgne, de Saint-Julien, Billiom, Alexandre, de Sarre, de Caliste d'Affry, Le Roy d'Alarde, Le Groing, Muletier de La Trolière, de Longaunay.

De sable, à trois lionceaux d'or, armés, lampassés et couronnés de gueules. — Pl. XIII.

Arch. de l'Allier. — Noms féodaux. — Arm. Gén. — Preuves de Malte, aux arch. du Rhône. — Regist. paroissiaux de Doyet et de Chemilly. — Nobil. d'Auvergne. — Cahier de la Noblesse.

On voit dans l'église de Doyet, la pierre tombale de Gilbert de Courtais, chevalier, seigneur dudit lieu, de La Souche, de La Guerche, de Doyet, etc., capitaine d'une compagnie de chevau-légers, mort en 1645. Ce personnage y est figuré en costume militaire ; sa tête est accostée de deux écussons : l'un à ses armes, l'autre à celles de sa femme, qui était de la famille de La Souche.

Une plaque de cuivre, malheureusement perdue, était fixée au mur au-dessus de la tombe ; elle portait les armes des deux époux et la curieuse inscription suivante gravée en lettres capitales romaines :

EPITAPHE

A LA MEMOIRE DE FEV MESSIRE
GILBERT DE COVRTAIS, CHEVALIER ET LIEVT. DE
MONSEIGNEVR LE DVC DE GVISE, QVI
DECEDA LE 17me JANVIER 1645, A
L'AGE DE 67 ANS.

——

ARRETES VOVS MORTELS POVR CONTEMPLER CE LIEV,
C'EST VN TROPHÉ DRESSÉ PAR LA PARQVE FATALE,
QVI ABREGE LES JOVRS D'VNE MAIN FORT AEGALE,
DES PETITS ET DES GRANDS, SELON L'ORDRE DE DIEV.

——

LE GENEREVX COVRTAIS REPOSE EN CE TOMBEAV,
APRES DE LONGS TRAVAVX QV'IL A SOVFFERT EN GVERRE
A CHEVAL ET A PIED ET PAR MER ET PAR TERRE
AIANT FAIT CENT COMBATS SOVS VN MESME DRAPEAV.

——

TOVTE LA FRANCE SAVOIT CE QVE VALOIT SON CŒVR
DONT L'ESSOR BIEN CONDVIT A SIGNALE SA GLOIRE,
N'AIANT POINT COMBATTV SANS GAIGNER LA VICTOIRE,
CAR DES PLVS GRANDS HASARDS IL EST SORTI VAINQVEVR.

——

SON HVMEVR EN LA PAIX ESTOIT PLEIN D'ACORTIZE,
POLI, GRAVE, DISCRET, NVLLEMENT AMBITIEVX,
REDOUTABLE AVX VAILLANTS, ADRET ET GRACIEVX,
CONSTANT EN AMITIE ET EN TOVT SANS FEINTIZE.

——

VN HOMME SI BIEN FAIT NE DEBVOIT POINT MOVRIR ;
MAIS LA MORT EST AVX HOMMES VN SORT INEVITABLE
VN DIEV POVR ETRE MORT N'EST PAS MOINS ADORABLE,
C'EST ASSEZ QVE L'ESPRIT NE PEVT JAMAIS PÉRIR.

Par le R. P. Dvrandeav Avgvst (Augustin).

COUSIN, seigneurs du Péage, de La Jarrie, des Touzelins. Bourbonnais et Auvergne.

Châtellenies de Gannat, de Moulins.

Alliances : Minard, Baraton, Marchand, de La Loere, de Villaine, de Revel, Cantat.

De gueules, à la foy d'argent. — Pl. XIII.

Archives de l'Allier. — Nobil. d'Auvergne.

Il est probable que cette famille, sur laquelle nous n'avons que peu de renseignements originaux, est la même que la famille Cousin de La Tour-Fondue que le *Nobiliaire d'Auvergne* mentionne comme originaire des environs de Gannat en Bourbonnais et établie en Auvergne au commencement du XVIIIe siècle. En effet, le nom des Cousin, seigneurs du Péage et de La Jarrie, ne se trouve plus dans les Archives de l'Allier après 1680.

DE COUSTURES, seigneurs de Coustures, de Seaulne, de Marçais, de Barday.

Châtellenie d'Hérisson.

Palé d'argent et d'azur. — Pl. XIII.

Noms féodaux. — Guill. Revel.

DE CRESANCY, seigneurs du Pleix-de-Bour, de Vachot.

Châtellenie de Bourbon.

D'azur, au chevron de sable, accompagné de trois lionceaux d'or, armés et lampassés de gueules. — Pl. XIII.

Noms féodaux. — Guill. Revel.

DU CREUSET, seigneurs de La Maisonneuve, de Matillon, de Villeneuve, de Lampelière, de Bournazeau.

Châtellenies d'Hérisson, de Bourbon.

Alliances : De Cluzel, Le Bel, d'Obeil.

D'or, à la croix de gueules, cantonnée de quatre creusets de même. — Pl. XIII.

Noms féodaux. — Arm. Gén. — Mém. sur la Gén. de Moulins.

DU CREUX, seigneurs du Creux, du Puy.

Châtellenies d'Hérisson, de Murat.

Armoiries inconnues.

Noms féodaux.

DU CROISIER, seigneurs des Bordes, de La Douaire.

Châtellenie de Moulins.

D'argent, à la fasce de gueules, accompagnée en pointe d'une aigle éployée de sable. — Pl. XIII.

Archives de l'Allier. — Armorial Général.

DES CROTS D'ESTRÉES, al. D'ESCROTS, seigneurs des Crots, de Neuvy-le-Barrois, de La Vesvre, de Bussières, des Millets, du Péage ; barons d'Uchon, de Champignelles et d'Estrées ; comtes des Crots-d'Estrées. Originaires de Bourgogne.

Châtellenies de Bourbon, de Moulins.

ALLIANCES : De Thiard, Belin, Doucet, Doyen, Le Long, Andrault de Langeron, d'Aval, Popillon, de Richecourt, de Reugny, de La Tour, Dormy, du Clos de l'Estoille, Mochot, Feydeau, de Revanger, de Villaines, Picard du Chambon, Juchault de La Moricière, de Cornulier.

D'azur, à la bande d'or, chargée de trois écrevisses de gueules, accompagnée de trois molettes d'éperon d'or. — Pl. XIII.

Archives de l'Allier. — Noms féodaux. — Paillot. — D'Hozier. — Saint-Allais. — Cahier de la noblesse du Bourbonnais. — Dict. véridique.

Le nom primitif de cette famille était Pelletier; François Pelletier, écuyer, seigneur des Crots et de Bussières, baron d'Uchon et de Champignelles, en Bourgogne, obtint, par lettres patentes du roi Henri III, données à Dijon le 18 décembre 1584, la permission de changer son nom de Pelletier contre celui du fief des Crots possédé depuis longtemps par sa famille. Il est probable que les trois écrevisses qui figurent dans les armes de cette famille, y furent ajoutées à la suite de l'alliance de Pierre Pelletier, écuyer, seigneur des Crots, avec Anne de Thiard, à la fin du XVe siècle. On sait que la famille de Thiard, fort ancienne en Bourgogne, portait : *D'or, à trois écrevisses de gueules*. C'est par erreur que Paillot a indiqué trois merlettes au lieu de trois *molettes d'éperon* dans la description qu'il a donnée des armes des des Crots.

Deux généalogies de cette famille, l'une plus complète que l'autre, se lisent dans le *Nobiliaire de Saint-Allais* (t. III et XIX); d'Hozier a donné aussi un abrégé de la filiation.

DE CULANT, seigneurs de La Creste, de La Chapelaude, de La Palice ; barons de Saint-Désiré. Berry et Bourbonnais.

Châtellenies de Gannat, d'Hérisson, de Murat, de Montluçon.

ALLIANCES : De Toucy, de Bouville, de Sancerre, de Charost, de Brosse, de Sully, de Chauvigny, etc.

D'azur, semé de molettes d'or, au lion de même brochant sur le tout. — Pl. XIV.

Hist. des grands offic. de la Couronne. — Noms féodaux. — Hist. du Berry, etc.

Branche de l'illustre maison de Culant, qui fut possessionnée en Bourbonnais au XIVe et au XVe siècle. La Thaumassière, le P. Anselme et La Chesnaye des Bois donnent la généalogie de cette famille.

DE CULANT, seigneurs de Laugère, de Perassier, de Saint-Marc, des Fontaines, de Fonteau, de Chamberaud, de Marmineules, du Reray, de La Prugne, de La Bordé, des Herards, de Peyramont, de Gravals, de Villiers.

Châtellenies d'Hérisson, de Moulins, de Belleperche.

ALLIANCES : Des Champs, Charreton, d'Apvril-lot, Semin, Collin, Fayollet, Gaulmin, Croisier, de

Bonnefoy, de Dreuille, de Chambon, Coiffier, du Buysson, d'Esternes, de Fouglatier.

D'azur, semé de molettes d'or, au lion de même brochant sur le tout. — Pl. XIV.

Arch. de l'Allier. — Noms féodaux.— Tableau chronologique. — Armorial Général.

Bien que l'*Armorial manuscrit de la Généralité de Moulins* attribue à cette famille le blason des Culant du Berry, il nous semblerait bien difficile d'admettre qu'elle ait une origine commune avec la grande maison du même nom ; toutefois nous n'avons pu trouver rien de positif à cet égard, et, dès le XVIe siècle, certains membres de la grande famille berrichonne étaient tombés dans une position inférieure pouvant permettre de croire que certains de leurs descendants auraient quelque peu dérogé. Les Culant de Laugère étaient du reste connus et bien posés dans la haute bourgeoisie d'Hérisson dès la fin du XVe siècle.

DE CUZY.

Châtellenie de Verneuil.

Ecartelé aux 1 et 4 d'argent, au cor de sable lié de gueules ; et, aux 2 et 3 d'or à l'aigle de sable, qui est de Charlet. — Pl. XIV.

Archives de l'Allier. — Reg. par. de Contigny. — Le Roy d'armes. — Armorial Général.

Nous avons adopté les armes attribuées par *Le Roy d'armes*, à cette famille que cet ouvrage dit être du Bourbonnais, de préférence au blason, bien probablement composé par le commissaire de l'*Armorial Général.*

CYMETIÈRE, al. CIMETIÈRE, seigneurs de La Bazolle, de Châteauroux, de Beaupoirier, de Champodon, de Bournat.

Châtellenies de Billy, de Moulins.

ALLIANCES : Simon de Quirielle, de La Trèche, de Chantelot, Perrotin, Racollet, Brévard, Foucard, Durantin, Picard de Beaupoirier.

D'or, à trois étoiles d'azur, posées 1 et 2, taillé d'azur, à trois étoiles d'or posées 2 et 1. Taillé d'or et d'azur, à trois étoiles d'azur et trois étoiles d'or rangées en orle de l'un en l'autre. — Pl. XIV.

Arch. de l'Allier. — Noms féodaux. — Tableau chronologique.

Il est singulier que les armes de cette famille, qui jouissait d'une position assez considérable en Bourbonnais à la fin du XVIIe siècle, n'aient point été enregistrées dans l'*Armorial Général*, et ne se trouvent dans aucun ouvrage héraldique. Nous donnons, sous toutes réserves, le blason ci-dessus d'après une communication qu'a bien voulu nous adresser un descendant d'une branche des Cimetière. Cette note porte que la famille, originaire de l'Angoumois, vint s'établir en Bourbonnais au temps des guerres de religion, et qu'une branche habita la Suisse. Cette dernière branche aurait porté ou porterait encore coupé : en chef comme ci-dessus et, en pointe, *d'argent à cinq fusées de pourpre* sans doute en fasce.

DALBOST, voyez D'ALBOST.

DALPHONSE, barons de l'Empire.

Losangé d'azur et d'or, au franc quartier de gueules, à la muraille crénelée d'argent, surmontée d'une branche de chêne de même. — Pl. XIV.

Armorial de l'Empire.

DAUPHIN, seigneurs de Jaligny, de Saint-Ilpise, de Combronde, de Teillède. En Auvergne et en Bourbonnais.

Châtellenies de Chaveroche, de Bourbon, de Chantelle.

D'or, au dauphin pâmé d'azur, au lambel de gueules brochant sur le tout. — Pl XIV.

Hist. des grands offic. de la Couronne. — Noms féodaux.

Branche cadette des comtes de Clermont, dauphins d'Auvergne, qui eut pour tige Robert Dauphin, chevalier, seigneur de Jaligny et de Saint-Ilpise, fils de Robert III, comte de Clermont et d'Isabeau de Châtillon-en-Bazois, dame de Jaligny, sa seconde femme. On trouve la généalogie de cette famille dans l'*Histoire des grands officiers de la Couronne.*

DU DEFFEND, seigneurs du Deffend, de La Sarre.

Châtellenie de Moulins.

D'hermine, à la bordure engrelée de..... — Pl. XIV.

Noms féodaux. — Inventaire des Titres de Nevers.

Nous avons trouvé dans le recueil d'épitaphes de la collection Gaignières, dont nous avons déjà eu occasion de parler, le dessin de la pierre tombale de Jean du Deffend, chevalier, qui se voyait dans l'église de l'abbaye de Sept-Fons ; cette tombe, gravée au trait, portait la figure d'un chevalier en costume de guerre du XIIIe siècle, ayant son écu d'hermine à une bordure engrelée, placée sous un fronton garni de crosses végétales. On lisait, autour de la dalle, l'inscription suivante : ✝ HIC IACET IOANNES DE DEFFENSO MILES QVI OBIIT ANNO DOMINI MILLESIMO DVCENTESIMO NONAGESIMO QVINTO DIE VENERIS POST FESTVM PENTECOSTES. ANIMA EIVS REQVIESCAT IN PACE AMEN. Il est probable que cette famille était une branche de la famille de Varigny qui aura son article.

DELAIRE, v. DE LAIRE.

DE DEMORET, seigneurs de Demoret, du Parc de Beaumanoir.

Châtellenie de Moulins.

ALLIANCE : De Bonnay.

De. ... au sautoir de vair. — Pl. XIV.

Nous ne connaissons pas l'émail du champ de ces armoiries, que nous avons trouvées dans une généalogie de la famille de Bonnay conservée au château de Bully (Rhône).

DENIS, seigneurs du Pleix, des Prugnes.

Châtellenie de Moulins.

ALLIANCES : De Peulle, Roy.

D'azur, au chevron, accompagné en chef de deux roses et, en pointe, d'un lion, le tout d'or. — Pl. XIV.

DESMAROUX, seigneurs de Gaulmin, de Montferrat, de La Pise. Titre de baron du second Empire.

Saint-Gerand-le-Puy.

ALLIANCES : Gaulmin, Leret d'Aubigny, Pellé de Champigny.

Parti, le 1er de gueules aux tables de la loi d'or, le 2e d'azur

*à l'épée en pal d'argent ; franc quartier des barons maires
(qui est à senestre de gueules au mur crénelé d'argent) réduit
au neuvième de l'écu.* — Pl. XIV.

DINET, seigneurs du Peroux, de Montrond, des Eschaloux, de La Monnoye, des Dailliers, de La Vallière, de Puyréal.

Châtellenies de Billy, de Chantelle.

ALLIANCES : Beguas, Bardon, de Genestoux, Aumaistre, Le Blanc, Cadier, de Rollat.

*De gueules, à la croix ancrée d'argent, cantonnée de quatre
roses de même.* — Pl. XIV.

Archives de l'Allier. — Noms féodaux. — Archives du château de Boucé. — Mém. sur la
Gén. de Moulins.— Ancien Bourbonnais. — Arm. de la Gén. de Moulins. — Segoing. — Roy
d'armes.

A cette famille appartenaient Gaspard, Pierre et Louis Dinet,
nés tous trois à Moulins, auteurs d'ouvrages de théologie et
successivement évêques de Mâcon, et Jacques Dinet, historien.

D'après Segoing et le P. de Varennes, les armes des Dinet
seraient : *De gueules, à quatre branches de croix ancrée, can-
tonnées de quatre roses, et une autre rose de même en abîme, le
tout d'or.* Nous avons adopté de préférence le blason donné
par l'*Armorial Général*, bien que le sceau de l'évêque Louis
Dinet, dont nous possédons une empreinte très nette sur une
pièce de 1645, porte une rose au centre de la croix ancrée.

Le *Roy d'armes* décrit ainsi ce blason : *De gueules, à cinq
quintefeuilles posées en sautoir d'or, accompagnées de quatre
branches de croix ancrées de même.*

DOIRON, seigneurs de Gouzon, de Charignac, de La Barre. Bourbonnais et dans La Marche.

Châtellenies de Belleperche, de Montluçon.

D'argent, à trois quintefeuilles de gueules. — Pl. XIV.

Noms féodaux. — Regist. de Maintenue. — Arm. de la Gén. de Moulins. — Registres paroissiaux de Doyet.

DORAT, seigneurs de Châtelus, de Maupertuis, du Pleix, d'Entremeaulle, des Garennes, de Breuille, de La Barre. Originaires du Limousin, en Auvergne, en Bourbonnais et à Paris.

Châtellenies de Moulins, de Verneuil, de Gannat.

ALLIANCES : Peleus des Champs, de Champfeu, Montanier, de Lostanges, de Courvol, de Bonnay.

De gueules, à trois croix patées d'or. — Pl. XIV.

Noms féodaux. — D'Hozier. — La Chesnaye des Bois. — Nobil. d'Auvergne. — Arm. de la Gén. de Moulins. — Saint-Allais.

« Le nom primitif de cette famille, originaire du Limousin,
« dit M. Bouillet, était Dine-Matin. Pierre Dine-Matin, dit
« Dorat, habitant à Limoges, eut cinq fils qui obtinrent du roi
« Henri IV, le 2 juillet 1603, l'autorisation de quitter leur nom
« patronymique et de porter celui de Dorat sous lequel ils
« étaient plus connus, en mémoire de Jean Dorat, leur oncle,
« poète, interprète des rois François Iᵉʳ, Henri II, Charles IX

« et Henri III ». Ce fut un petit-fils de ce Pierre Dorat qui s'établit en Bourbonnais où il fonda la branche de Châtelus.

D'Hozier et M. Bouillet donnent pour armes à cette famille : *De gueules, à trois croix ancrées d'or ;* nous avons préféré l'indication de l'*Armorial manuscrit*. Saint-Allais (t. IX, p. 408) décrit ainsi le blason des Dorat : *Ecartelé, aux 1 et 4, de gueules à trois croisettes patées d'or ; au 2, d'azur, à trois maillets d'argent, emmanchés d'or ; au 4, fascé d'or et d'azur*. Nous ne pouvons expliquer l'origine de ces écartelures, non plus que celles de l'écusson, encore plus compliqué, de Claude Dorat de Chameulles, chevalier, commandeur de l'ordre de Saint-Lazare, auditeur en la Chambre des comptes de Paris, né en 1696, dont nous possédons l'*ex libris* portant le blason dont voici la description : *Ecartelé : au 1ᵉʳ d'azur, au chevron d'or, accompagné de trois molettes d'éperon de même ; au 2 d'azur, à trois besants d'or posés en bandes ; au 3 d'azur, semé de fleurs de lys d'or, au bœuf d'argent brochant sur le tout*, qui est de Portail ; *au 4 d'azur, au chevron d'or, accompagné, en chef, de deux roses d'argent et, en pointe, d'une croix de Lorraine d'argent*, qui est de Larcher, *et, sur le tout, de gueules à trois croix patées d'or, et un chef d'argent, à la croix de Naples*. L'écu posé sur une croix de Notre-Dame du Mont-Carmel, entouré du collier de cet ordre, timbré d'une couronne de marquis, avec trois aigles pour supports et cimier. Des notices sur cette famille se trouvent dans Moreri et dans La Chesnaye des Bois.

DOSCHER, seigneurs de Montchenin.

Châtellenie de Moulins.

D'azur, à deux oiseaux affrontés d'or, surmontés d'un soleil de même, et en pointe une main senestre d'argent, mouvant, à dextre, d'une nuée de même, tenant trois épis de bled du second émail. — Pl. XIV.

Noms féodaux. — Arm. de la Gén. de Moulins.

DOUET, seigneurs des Fontaines, de Beauregard, de Charmeil, de Vichy, de Chambon, de Saint-Germain-des-Fossés, de Creuzier-le-Vieux, de La Salle-de-Vieure, de Louroux, de La Chaussière, de La Creste, d'Aude, de Chauvière, de Nassigny, de Preuille ; barons de Saint-Désiré. Bourbonnais et Lyonnais.

Châtellenies de Billy, d'Ussel, de Gannat, de Vichy.

ALLIANCES : Morelot, Dubois, Després, Semin, du Lyon, Busserolles.

D'argent, à l'aigle de sable. — Pl. XIV.

Archives de l'Allier. — Noms féodaux. — Armorial de la Généralité de Moulins. — Dubuisson. — Steyert.

Cette famille portait les armes suivantes décrites dans l'*Armorial général : D'azur, au chevron accompagné de trois couronnes, celle de la pointe surmontée d'une étoile, le tout d'or.* Mais elle les changea lorsqu'elle parvint à la noblesse, en 1722, par une charge au Parlement de Dombes. Nous possédons un *ex Libris,* assez joliment gravé, de Claude-Gabriel Douet de Vichy, fils du conseiller au Parlement de Dombes, dont l'écusson, timbré d'une couronne de marquis et supporté par deux lions, est à l'aigle.

M. Steyert, dans son excellent *Armorial du Lyonnais*, donne le texte d'une note piquante inscrite, par un curé de Vendat, paroisse des environs de Vichy, sur le registre paroissial de l'année 1735, d'après laquelle le conseiller au Parlement de Dombes aurait été le fils d'un petit employé des gabelles de Vichy. L'origine des Douet est loin d'être illustre, toutefois on trouve des membres de cette famille occupant, dès la fin du XVI⁰ siècle, une place dans la haute bourgeoisie du pays (Arch. de l'Allier).

DOULTRE, seigneurs de La Coste.

Châtellenie de Billy.

ALLIANCES : Berger, Roche.

D'azur, à la tour, surmontée de trois étoiles, rangées en chef, le tout d'argent. — Pl. XIV.

Archives de l'Allier. — Armorial de la Gén. de Moulins.

DE DOYAC, al. DOYAT. Bourbonnais et Auvergne.

Châtellenie de Vichy.

Armoiries inconnues.

Noms féodaux. — Nobil. d'Auvergne.

C'est à cette famille, originaire de Cusset, qu'appartenait le fameux Jean de Doyac, favori de Louis XI.

DE DREUILLE, seigneurs d'Issard, de Boucherolles, de Chastenoy, d'Ardenne, de Bloux, de Baulais, de Grandchamp, de Villeban, de La Lande, de Franchesse ; comtes de Dreuille. En Bourbonnais et en Nivernais.

Châtellenies de Souvigny, de Verneuil, de Murat, d'Hérisson.

ALLIANCES : De Bayet, de La Faye, Vigier, de Gouzolles, de Voulsy, de Fradel, de Chapettes, de La Buxière, de Chalus, de Murat, de Troussebois, Vernoy, de Guyon, des Escures, Aubery, de Bonnefoy, de Culant, Voisin, de Louant, de Lichy, de Saint-Hilaire, Boyreau, Cadier, de Digoine, de La Chapelle, de Montsaulnin, Feydeau, Mareschal, de Chantelot, de La Barre, d'Amonville, de Chabannes, de Charly.

D'azur, au lion d'or, armé, lampassé et couronné de gueules. — Pl. XIV.

Noms féodaux. — Guill. Revel. — Vertot. — Arm. de la Gén. de Moulins. — Preuves de Malte, aux arch. du Rhône. — Archiv. de la Noblesse de France. — Saint-Allais.

Dans l'*Armorial* de Guillaume Revel, l'écu des Dreuille est figuré : *De gueules, au lion d'azur, armé, couronné et lam-*

passé d'or : « Il paraît, dit M. Lainé, que les membres de cette
« famille ont adopté pour se distinguer entre eux, et comme une
« sorte de brisure, quelques variations dans les émaux, soit de
« l'écu, soit de la couronne du lion. C'est ce qu'on voit par
« différentes citations des armes des Dreuille dans l'*Histoire*
« *de Malte*, de Vertot, et dans l'*Armorial manuscrit de la*
« *Généralité de Moulins*. Au reste l'abbé de Vertot et l'*Armo-*
« *rial de Moulins* ont donné la description exacte des armes
« de la maison de Dreuille, telles qu'elles existent dans la
« maintenue de noblesse de 1666. »

La généalogie de cette famille se trouve dans le tome X des
Archives de la noblesse de France, et dans le tome II de l'ouvrage de Saint-Allais. On voit ses armes au château d'Issard et
sur la cloche de l'église d'Autry.

DE DUN.

Châtellenie de Souvigny.

Armoiries inconnues.

Ancien Bourbonnais.

DUPRAT, v. DU PRAT.

DUPRÉ, v. DU PRÉ.

DE DURAT, seigneurs de Ludeix, de Deux-Aigues, de La Vernière, de La Mazière, de La Combe, de Buxerolles, de Gouzolle, de Secondat, de Chazeaux, de Lascoutz, de Saint-Mion, de Viers, de Rocheneuve, de La Vauchaussade, de La Montade, de Louroux, de Vaurenne, du Maseau, de La Cousture, de La Vermelière, de Brian, de Ronnat, de Bussière-Vieille, de Tiley, d'Usson ; barons de Gouzon et de La Cellette ; marquis des Portes ; comtes de Durat. Auvergne et Bourbonnais.

Châtellenies de Bourbon, de Montluçon, de Chantelle.

ALLIANCES : De Marche, de La Grange, de Saligny, de Veilhan, d'Artaud, de Luchat, de Chambon, Albet, de Rollat, de Montagnac, du Bouy, Girard de Rassan, d'Emars, de Beaufort, de Sauriade, d'Allemaigne, de Bosredont, de La Trollière.

Echiqueté d'or et d'azur. — Pl. XIV.

Archives de l'Allier. — Noms féodaux. — Guillaume Revel. — D'Hozier. — Dict. de la Noblesse. — Regist. paroissiaux de Marcillat. — Dict. véridique.

L'*Inventaire des sceaux de la collection Clérembault* décrit deux sceaux de cette famille : celui de Franconnet de Durat, écuyer, de 1339, portant un écu *échiqueté, au franc canton chargé d'un lion* (comme brisure), et celui de Franque de Durat, chevalier, de 1352, chargé d'un écu *échiqueté*, penché, timbré d'un heaume, cimé d'une aigrette en éventail, sur champ reticulé.

Nous avons parlé, à l'article de la famille de Coligny-Saligny, d'un curieux jeton d'alliance de Jean de Durat, deuxième du nom, seigneur des Portes, de Lascoutz, etc., bailli de Combrailles, chevalier de l'Ordre du Roi, et de Jacqueline de Saligny, veuve de Gilbert de Luchat, mariée à ce seigneur le 8 juillet 1566 ; sur ce jeton sont figurées les armes des deux époux mi-parties. Dans Guillaume Revel, l'écu de Robert de Durat, habitant Chantelle, est *échiqueté d'or et de sable*. On trouve la généalogie de cette famille dans D'Hozier et dans La Chesnaye des Bois.

DURET, seigneurs de Villejuive, de La Tour-du-Bouis, de Villegagnon, de Peillevaut, de Saulgy, de Montchenin. Forez et Bourbonnais.

Châtellenie de Moulins.

ALLIANCES : De Lamoignon, Guichard, de Villaines, Regnault, Benoist, Perreau, de Brinon, Bergier, Bolacre, Vilhardin, de Caen, Boisseau, de Cuigy, de Cisternay, Hebert.

De gueules, à la bande d'or, chargée de quatre cornes d'abondance d'azur, entrelacées deux à deux. — Pl. XIV.

Archives de l'Allier. — Noms féodaux. — Tableau chronologique. — Armorial manuscrit de Nevers de 1638. — Généalogie manuscrite de la maison de Lamoignon. — *Bulletin de la Société d'Émulation de l'Allier* (t. VI, p. 101 et suiv. et p. 203).

A cette famille, qu'il ne faut pas confondre avec son homonyme de Paris, appartenaient le jurisconsulte Jean Duret, et Claude, son neveu, avocat, puis président au présidial de Moulins, linguiste et naturaliste, auteur de ce singulier et rare traité des *Plantes esmerveillables* si curieux pour l'histoire des Etudes sur les sciences naturelles.

Les armoiries assez bizarres des Duret figurent dans l'ornementation du portail du château de La Motte-Farchat, en Nivernais, construit par Jean de Villaines et par Suzanne Duret, sa femme, qui l'ornèrent d'une statue de la Sainte-Vierge avec cette pieuse inscription :

VILLAINES ET DURET A LA MÈRE DE DIEV

OFFRENT SON EFFIGIE ET LEVR AME ET CE LIEV.

1621.

DURYE, al. DU RYE, seigneurs des Vauves ; barons Durye.

Châtellenies de Moulins et de Belleperche.

ALLIANCES : Maigret, Alasœur, Génin de Billonat, d'Alphonse, Le Roy de Chavigny, de Baudreuil.

D'argent, à la rizière de sinople, au chef d'azur, chargé d'un soleil d'or, adextré d'une épée d'argent, montée d'or. — Pl. XVI.

Archives de l'Allier. — Regist. paroissiaux de Villeneuve. — Noms féodaux. — Tableau chronolog. — Armorial de Saint-Allais. — Lettres Patentes de 1825.

L'épée qui figure sur le chef de ces armes est une adjonction moderne, réglée par les Lettres-Patentes du 30 août 1825, conférant le titre de baron à M. le colonel Pierre-Joseph Durye, chevalier de Saint-Louis, officier de la Légion-d'Honneur.

DUTOUR, v. DU TOUR.

DULIGNIER, seigneurs de Montifaut, de Chasles.

Châtellenie de Chaveroche.

ALLIANCES : De Champin, Croizier, Préveraud, Bourdelier, Le Febvre.

Armoiries inconnues.

Regist. paroissiaux de Floret et de Trezelle.

EBRARD, seigneurs de Montespedon. En Auvergne et en Bourbonnais.

Châtellenie de Gannat.

D'argent, à deux lions léopardés de sable, armés et lampassés de gueules. — Pl. XV.

Noms féodaux. — — Guill. Revel. — Nobil. d'Auvergne.

ESCHALOUX, seigneurs de Culhat.

Châtellenie de Chantelle.

ALLIANCES : Brandis, de Saint-Quentin, de Neuville, Flotte.

Armoiries inconnues.

Noms féodaux. — Titres de la maison de Bourbon.

D'ESCOLE, seigneurs d'Escole, de Marcilly.

Châtellenie de Chantelle.

ALLIANCES : D'Apchon, Flotte.

Armoiries inconnues.

Noms féodaux. — Titres de la maison de Bourbon. — Ancien Bourbonnais. — Nobil. d'Auvergne.

DES ESCURES, seigneurs des Escures, de Pontcharraud, de La Rivière, de La Tour-du-Bois de Ginçay, de Brulle, de Lesparre, de Franchesse, de Marcellanges, du Reray, de La Vernède, de Cindré, de Plaisance, de Gosinière, de Sauzet, de La Vivère, des Bordes, de Prabillard.

Châtellenies de Chaveroche, de Billy, de Souvigny, d'Ainay.

ALLIANCES : De La Halle, de Sarre, de Bigne, Le Long, de Grasseuil, Dourgui, de Mole, de Balatier, de La Barre, du Gourd, de Lastic, de La Souche, Mareschal, Seigneuret, de Caliste, de Montjournal, Feydeau, de Manissy.

De sinople, à la croix ancrée d'argent, chargée en cœur d'une étoile à huit rais de sable. — Pl. XV.

Noms féodaux. — Arch. de l'Allier. — Mém. sur la Gén. de Moulins. — D'Hozier. — Dict. de la Noblesse. — Preuves des comtes de Lyon. — Vertot. — Regist. paroissiaux de Saligny. — Dict. véridique.

On trouve dans D'Hozier et dans La Chesnaye des Bois, la généalogie de cette famille, qui a fourni des comtes de Lyon et des chevaliers de Malte. Elle prenait son nom du fief des Escures, situé près de Châtel-Perron, et nous croyons qu'elle n'a point une origine commune avec la famille des Escures, du Forez, dont Guillaume Revel donne le blason.

ESGRIN, al. AIGRIN, seigneurs de Laugère, de La Forest, de Joux.

Châtellenie de Belleperche.

D'azur, à trois lionceaux d'argent. — Pl. XV.

Noms féodaux. — Guill. Revel.

L'*Inventaire des sceaux de la collection Clérembault* décrit le sceau de Jean Egrin, chevalier, de 1300, qui portait un écu à *trois lionceaux*. Le nom de cette famille se trouve écrit Aigrin dans l'*Armorial* de Guillaume Revel où figurent Philippe et Loys Aigrin, à Epineuil. Le blason de Loys est brisé d'une *bande de gueules* brochant sur les lionceaux.

D'ESTUTT DE TRACY, barons de Paray-le-Fraisy; comtes et marquis de Tracy. Originaires d'Ecosse, en Nivernais et en Bourbonnais.

Châtellenie de Chaveroche.

Ecartelé : aux 1 et 4 d'or, à trois pals de sable ; et aux 2 et 3 d'or, au cœur de gueules. — Pl. XV.

Noms féodaux. — Tablettes hist. et généalogiques. — Preuves de Malte aux Archives du Rhône. — Dict. de la Noblesse. — Vertot. — Arm. de la Gén. de Moulins. — Arm. des Etats de Bourgogne. — Courcelle. —Dict. véridique.

La généalogie de cette famille se trouve dans le *Dictionnaire de la Noblesse ;* on voit ses armes mutilées sur le portail de l'église de Paray.

FARGES DE CHAUVEAU, voir DE ROCHEFORT.

FARJONNEL, seigneurs de Corgenay, de Rozière, d'Aubigny, de Sazeret, de Bouiller, du Montet, des Touzets, de La Queusne, d'Auson, d'Hauterive, de Villefranche.

Châtellenies de Moulins, de Chantelle, de Murat, de Verneuil.

ALLIANCES : Vergnaud, Alarose, des Essards, Palierne, Guillebon, de La Chaussée, Vilhardin, Le Noir, Rogier, de Lespicier.

De sable, à trois étoiles d'argent, et un croissant de même en abîme. — Pl. XV.

Noms féodaux.— Arch. de l'Allier.— Tabl. chronologique.— Regist. paroissiaux   d'Iseure — Arm. de la Gén. de Moulins.

On trouve aussi quelquefois les armes de cette famille ainsi décrites : *De sable, au chevron d'or, surmonté d'un croissant d'argent, et accompagné de trois étoiles de même.*

FAUCOMPRÉ DE GODET, seigneurs de Godet, de Robbé.

Châtellenie de Moulins.

ALLIANCES : Farrouilles , Gouges , Duboys , Mourcou, de Thiennes.

D'argent à un double chevron de gueules, accompagné en chef à dextre d'une coquille de sable, et à senestre d'une couronne civique de sinople, et en pointe de deux dauphins du même adossés et surmontés d'un croissant du second émail.— Pl. XV.

Registres paroissiaux d'Iseure.— Dict. Gén. de Saint-Allais. — Les maisons nobles de France par Gourdon de Genouilhac. — Nobil. univ. de Magny.

DE FAURE, seigneurs de La Combe, des Simons, du Rée, du Breuil; comtes de Chazours. En Auvergne et en Bourbonnais.

Châtellenies de Gannat, d'Hérisson.

ALLIANCES : Banoïzon, Intraude.

D'argent, au cœur de gueules traversé de trois flèches de sable al. *d'or*. — Pl. XV.

Noms féodaux. — Preuves au Cabinet des Titres. — Regist. paroissiaux de Gannat et d'Hérisson. — Arm. de la Gén. de Moulins. — Nobil. d'Auvergne. — Cabinet de la Noblesse du Bourbonnais.

FAURE, al. FAVRE DE DARDAGNY, seigneurs de Beaumont, de Praingy, du Breuil, de Meslay, de Bessy, de Dardagny. Bourbonnais et Nivernais.

Châtellenie de Moulins.

ALLIANCES : De Bron, Gouzeret, de Cossayes, de Bonnay.

D'argent, au chevron d'azur, au chef de même, chargé de trois étoiles d'argent. — Pl. XV.

Arch. de l'Allier. — Noms féodaux. — Tableau chronologique. — Armorial du Nivernais. — Reg. paroissiaux de Saint-Germain-en-Viry (Nièvre).

Nous donnons ces armes d'après un ancien cachet ; elles figuraient aussi naguère sur une litre peinte autour de l'église de Saint-Germain-en-Viry, en Nivernais.

FAVEROT, seigneurs de Neuville, des Cadeaux, de Saint-Aubin, de Souve.

Châtellenie de Bourbon.

ALLIANCES : Guillouet, Guérin, Bais, de Rochefort, Parfait, Cadier.

D'azur, au chevron accompagné en chef de deux étoiles et en pointe d'une palme, le tout d'or. — Pl. XV.

Arch. de l'Allier. — Noms féodaux. — Arm. de la Gén. de Moulins. — Mém. sur la Gén. de Moulins. — Généalogie de la famille Cadier, dans la Revue historique de la Noblesse.

Le *Mercure Armorial* de Segoing parle d'une famille Faverot, du Bourbonnais, qui aurait porté pour armes : *D'argent, à trois fleurs de lys au pied nourri de sable ;* nous n'avons trouvé nulle part ailleurs mention de cette famille.

FAVIER, seigneurs de Puydigon, des Hormais.

Châtellenies de Billy, de Chaveroche.

ALLIANCE : De Sorbiers.

Armoiries inconnues.

Arch. de l'Allier. — Noms féodaux.

DE FAVIÈRES, seigneurs de Vaux, d'Urset, de Chouvigny, d'Arnaix, de Villaines, des Simons.

Châtellenie d'Hérisson.

ALLIANCES : Alamargot, Baudeau, Filliol, de Bréchard.

D'azur, à la fasce d'or, accompagnée en chef de deux hures de sanglier de même. — Pl. XV.

Archives de l'Allier. — Noms féodaux. — Arm. de la Gén. de Moulins

FAYE.

Châtellenies de Moulins et de Bourbon.

ALLIANCE : Loiseau.

Parti d'or et de sable, au chevron de l'un en l'autre, au chef de sinople, chargé de trois tulipes d'or. — Pl. XV.

Archives de l'Allier. — Arm. de la Gén. de Moulins.

L'*Armorial Général* donne ces armoiries à Gabriel Faye, lieutenant de bourgeoisie de la ville de Moulins, de qui descendait François Faye, médecin distingué de la fin du XVIIIe siècle, intendant des eaux minérales de Bourbon-l'Archambault.

FAYOLLET, seigneurs de Primbault.

Châtellenie de Montluçon.

ALLIANCES : Cheville, Guerin, de Culant, des Champs, Beraud, Jaladon de La Barre.

D'azur, au chevron d'argent, accompagné en pointe d'un oiseau d'or, au chef de même, chargé de trois roses du champ. — Pl. XV.

Regist. paroissiaux de Montluçon. — Arm. de la Gén. de Moulins.

FERRAND, al. FERRANT, seigneurs de Fontorte. Originaires du Dauphiné, Auvergne et Bourbonnais.

Châtellenie de Gannat.

Ecartelé : aux 1 et 4 d'or, au lion de sable; et aux 2 et 3 d'azur, à trois coquilles d'or. — Pl. XV.

Noms féodaux. — Nobil. d'Auvergne. — Nobil. du Dauphiné.

DE FEU, seigneurs des Roziers, des Bravards, du Pouy. Originaires de Normandie, en Bourbonnais.

Châtellenies de Gannat, de Moulins.

Armoiries inconnues.

Noms féodaux. — Tableau chronologique.

FEVRIER , seigneurs de Bouys, de La Motte.

Châtellenie de Moulins.

ALLIANCE : De Launay.

*Ecartelé : aux 1 et 4 d'azur, à la croix potencée d'or, can-
tonnée de quatre croisettes de même, et aux 2 et 3 d'argent, à
trois oiseaux de gueules. — Pl. XV.*

Arch. de l'Allier. — Arm. de la Gén. de Moulins.

Quelquefois les 2 et 3e quartiers de ce blason sont: *D'argent,
à trois feuilles de chêne de sinople. (Armorial Général).*

FEYDEAU, seigneurs de Clusors, des Vesvres, de l'Espau, de Demoux, de Marcellange, de Chapeau, de Fraigne, du Pouget, de Rochefort , de Chevrais. Bourbonnais, La Marche et Paris.

Châtellenies de Bourbon, de Gannat, de Souvigny.

ALLIANCES : De La Croix, Perreau, Le Tailleur,

Guyon, Dufour, de Minerolles, Mareschal, Heroys, Semin, Le Maistre, Garnier, des Escures, de Saint-Hilaire, Girard, d'Assy, de La Roche, de Balatier, de Chabannes.

D'azur, au chevron d'or, accompagné de trois coquilles de même. — Pl. XV.

Arch. de l'Allier. — Noms féodaux. — Roy d'armes. — Mém. sur la Gén. de Moulins. — Arch. du château d'Embourg. — Arm. de la Gén. de Moulins. — Preuves de Malte. — Dict. de la Noblesse. — Histoire de la Chancellerie. — Tablettes de Thémis. — Chevillard, etc.

Cette famille, dont plusieurs membres occupèrent de hautes positions dans la magistrature, est originaire du Bourbonnais et non de La Marche, comme l'ont avancé quelques auteurs, entr'autres le P. de Varennes. Ses armes se voient aux châteaux de Chapeau et de Clusors.

FILHET DE LA CURÉE. Forez et Bourbonnais.

Châtellenie de Germigny.

De gueules, à cinq fusées d'argent placées en bande. — Pl. XV.

Noms féodaux. — Guill. Revel. — Vulson de La Colombière. — Preuves des comtes de Lyon.

FILLIOL, al. FILIOLI, al. FILLIOT, seigneurs de La Fauconnière, de Marcellanges, de Fontbouillant, de Beauregard-Villeneuve.

Châtellenies de Gannat, d'Hérisson.

ALLIANCES : Franconin, de Marillac, Prunyer, de Laubespin, Chatard, du Buysson, de Favières, de Fontanges.

D'azur, à la bande d'or, accostée de deux glands tigés et feuillés chacun d'une feuille de même, les tiges en bas. — Pl. XV.

Arch. de l'Allier. — Mém. sur la Gén. de Moulins. — Reg. par. de Gannat. — Armorial de la Gén. de Moulins. — Annales bourbonnaises, t. I, p. 371 et suiv.

On voit les armes de cette famille sculptées en dehors d'une chapelle du chœur de l'église Sainte-Croix de Gannat; cette chapelle était celle des seigneurs de La Fauconnière, fief situé près de Gannat, qui appartint aux Filliol pendant près de deux siècles. M. de Fontenay a publié dans sa *Nouvelle étude de Jetons*, p. 102, un jeton de Pierre Filliol ou Filioli, archevêque d'Aix au XVIe siècle, qui offre ce même blason.

DE FINANCE, seigneurs de Clairbois, de Fontanières, de Condamine, du Rouzol, des Boirots, des Guinards.

Châtellenies de Chaveroche, de Billy.

ALLIANCES : De Fradel, Vilhardin, Préveraud, Delaire, Grelliche, de Trochereau, de Lichy-Lichy.

D'azur, à trois cloches timpannées d'argent. — Pl. XV.

Reg. paroissiaux de Thionne, Vaumas, Saint-Léon, Lenax, Saint-Nicolas-des-Biefs. — Arm. de la Noblesse de France, par M. d'Auriac, Reg. 3, 1857. — Titres de famille.

DU FLOQUET, seigneurs de Genat, de Réals, de Gromont, de La Gorse, de Saint-Genest, de Dommeries, du Brenat. Auvergne et Bourbonnais.

Châtellenies de Gannat, de Vichy.

ALLIANCE : Camard.

D'azur, à la croix denchée d'or, cantonnée aux 1 et 4 d'une pomme de pin de même, et aux 2 et 3 d'une étoile d'argent. — Pl. XV.

Noms féodaux. — Arm. de la Gén. de Moulins. — Lainé. — Nobiliaire d'Auvergne. — Dict. véridique.

DU FOLLET, v. SAULNIER.

DE FOMBERT, seigneurs de Montcombroux, de La Coste, de La Jarrye, de La Tronçais, de Buxière, de Laleuf.

Châtellenies de Chaveroche, de Billy.

Alliances : Boutet, le Bourgoing.

D'azur, au chevron d'or, accompagné de trois coquilles ; al. de trois tours de même. — Pl. XV.

Noms féodaux. — Arm. de la Gén. de Moulins. — Mém. sur la Gén. de Moulins.

FONSJEAN.

Châtellenie de Moulins.

D'azur, au cerf couché contourné d'or, au chef cousu de gueules, chargé d'une étoile d'argent. — Pl. XVI.

Noms féodaux. — Preuves de Chapelain de Malte, aux arch. du Rhône. — Arm. de la Gén. de Moulins.

DES FONTAINES, seigneurs des Fontaines, de Bonbard, de Chameron, de Gouttebrune, de La Chemelle, de La Presle, de Chaumont, du Feray, de Saint-Sornin, de La Lande. Combraille et Bourbonnais.

Châtellenies de Murat, de Verneuil, de Montluçon.

ALLIANCES : De Villars, Béquas.

De sable, à la fontaine d'argent, d'où sortent deux filets d'eau de même, accompagnée de trois croissants d'or. — Pl. XVI.

Arch. de l'Allier. — Noms féodaux. — Guill. Revel. — Preuves de Malte, aux arch. du Rhône. — Arm. de la Gén. de Moulins. — Mém. sur la Gén. de Moulins.

L'*Armorial manuscrit de la Généralité de Moulins* donne à cette famille les armes suivantes : *D'azur, au chevron d'or, accompagné de trois fontaines de même,* al. *De sable, au chevron d'argent, accompagné de trois fontaines d'or, rangées en chef.* Nous avons préféré les armoiries reproduites par Guillaume Revel.

DE FONTANGES, seigneurs de La Fauconnière, d'Hauteroche, de Gannat, de Vernines, de La Clidelle, de La Canade, de La Chapelle-d'Andelot ; marquis de Fontanges, etc. Originaires du Limousin, Auvergne, Quercy et Bourbonnais.

Châtellenie de Gannat.

ALLIANCES : D'Hauteroche, de Scorailles, de Rastelane, de Veilhan, de Monceaux, de Chaunac, de Saint-Martial, de Bonneval, de Loupiac, de Blanchefort, de La Garde, de Mirandol, du Montal, de Fontaine, Filliol.

De gueules, au chef d'or, chargé de trois fleurs de lys d'azur. — Pl. XVI.

Arch. de l'Allier. — Noms féodaux. — Guill. Revel. — Nobil. d'Auvergne. — D'Hozier. — Dict. de la Noblesse.

La généalogie de cette famille se trouve dans le *Dictionnaire de la Noblesse* et dans D'Hozier.

DE FONTENEOL, al. DE FONTANYOL, seigneurs de Fonteneol.

Châtellenies de Souvigny, de Bourbon.

Fascé d'argent et d'azur. — Pl. XVI.

Noms féodaux. — Guill. Revel.

DE FONTENAY, seigneurs de Boscoturaul, al. Bouqueteraut, de Bacy, de Neuvy, de Joie, de Bonnebuche, de La Bouloise, de Reigny, de La Tour-de-Vesvre, de Moisson, de Montigny, de Saint-Léger ; barons de Fontenay, etc. Originaires du Berry, Bourbonnais et Nivernais.

Châtellenies de Germigny, de Bourbon.

Alliances : De Chastellux , de Montsaulnin ,

de La Platière, de Thianges, d'Avantois, de La Porte, etc.

Palé d'argent et d'azur, au chevron de gueules brochant sur le tout. — Pl. XVI.

Noms féodaux. — Gilles Le Bouvier. — Guill. Revel. — Invent. des Titres de Nevers. — La Thaumassière. — Armorial de Nevers.

On trouve dans l'*Histoire du Berry,* la généalogie de cette famille, qui portait primitivement le nom de Pougues. Au commencement du XIII⁰ siècle, Raoul de Pougues, fils du sénéchal du Nivernais, épousa Agnès de Fontenay, unique héritière des seigneurs de la baronnie de Fontenay, située dans la châtellenie de Germigny, et ses enfants prirent le nom et les armes de la famille de leur mère. Les armes de la famille de Fontenay figurent dans l'ornementation du portail méridional de la cathédrale de Nevers et de la chapelle à côté ; ce portail et cette chapelle furent construits par Pierre de Fontenay, évêque de Nevers de 1461 à 1499. On trouve dans l'*Inventaire des Titres de Nevers*, la description du sceau de Geoffroy de Fontenay, chevalier, sire de Bocatraut (Boscotural ou Bouqueteraut) ; ce sceau, appendu à une charte de 1337, portait la figure d'un chevalier monté sur un cheval lancé, tenant un écu chargé d'un palé de six pièces et d'un chevron brochant sur le tout.

DE FONTY, al. FONTIS, seigneurs de Luçay, du Bouchat, de La Garde, du Bessay.

Châtellenies de Moulins et de Bourbon.

ALLIANCES : Du Buysson, Brinon, de Lingendes, de Louan.

Armoiries inconnues.

FOREST, seigneurs de La Chapelle, des Preugnes, du Creux, de Bonpois, de Savenières.

Châtellenie de Murat.

ALLIANCES : Gaulmin, de Brières, de Saint-Julien.

Armoiries inconnues.

DES FORGES, seigneurs des Forges, de Saint-Farjoul, de La Teillée, du Bois, de Gourdon, d'Estrées, de Fontenille, de Saint-Ligier, de Brugières, du Pin, de Fretèze, de Ferrières.

Châtellenies de Montluçon, de Chantelle, de Moulins, de Billy.

ALLIANCES : De Givreuil, de Gentes, de Lesteller, de Gourdon, Gasteaume.

Armoiries inconnues.

Noms féodaux. —. Archives de l'Allier.

DE FOSSEGUÉRIN, seigneurs de Fosseguérin, du Pleix.

Châtellenies de Murat, de Verneuil.

ALLIANCE : De La Trolière.

Armoiries inconnues.

Noms féodaux.

FOUCHER, al. FOUCHIER, seigneurs de La Taille, de La Forest, des Carrons, de La Boube.

Châtellenie de Moulins.

ALLIANCES : De Bezonnet, du Mesnil-Peny, Vilhardin, Burgat, Lomet, Bodinat.

Armoiries inconnues.

Archives de l'Allier.

FOUET.

Châtellenies de Vichy, de Moulins.

ALLIANCES : De La Nois, Brinon.

D'azur, au chevron d'or, accompagné en chef de deux étoiles de même et en pointe, d'une aigle aussi d'or, becquée et onglée de gueules, tenant dans son bec un rameau de laurier de sinople. — Pl. XVI.

Arch. de l'Allier. — Armorial de la Généralité de Moulins.

DE FOUGEROLLES, seigneurs de Cours, des Boulles, de Varennes.

Châtellenies d'Ainay, de Bourbon, d'Hérisson, de Mont-luçon.

ALLIANCE : De Chabannes.

D'argent, à trois canettes de sable et une bordure de même — Pl. XVI.

Arch. de l'Allier. — Noms féodaux. — Nicolay, Description du Bourbonnais. — Guill. Revel.

DE FOUGEROLLES, seigneurs de La Corre, des Bernards, de Paray-le-Viel, de Saint-Germain.

Châtellenies de Vichy et de Moulins.

ALLIANCES : Goyn, Saillard, Mangot, de Chevrier, Reverdy, de Saint-Maurice, Gras, Chamboyt, Giraud, de Sirmond, Rivière, Chauvin, Forissier, Bracout de Rochefort, Burge, de Berthol, Bertucat, Chambord, Sauret.

D'azur, au chevron, accompagné, en chef, de deux roses et, en pointe, d'une plante de fougère, le tout d'or. — Pl. XVI.

Archives de l'Allier. — Noms féodaux. — Regist. paroissiaux de Ferrières et du Mayet-de-Montagne. — Arm. de la Gén. de Moulins.

Il ne serait pas impossible que cette famille, ancienne dans la montagne bourbonnaise, fût une branche de celle que nous venons de nommer.

DE FOUGIÈRES, al. DE FOUGÈRES, seigneurs des Gougnons, du Cluzeau, de Bomprix, de Lestaille, du Mousseau, de La Brosse, de La Sauvatte, du Pré, du Cluseau ; comtes de Fougières, du Creux.

Châtellenies d'Hérisson, de Verneuil.

ALLIANCES : Gaulmin, de Chantelot, de Byon, de Vouet, Fourneau, de Villards, de La Motte-d'Apremont, des Escures, Bergeron, Thevenin, Barathon.

D'azur, à la fasce d'argent, accompagnée de quatre étoiles d'or, une en chef et trois en pointe. — Pl. XVI.

Arch. de l'Allier. — Noms féodaux. — Vertot. — Preuves de Malte, aux arch. du Rhône. — Chevillard. — Mém. sur la Gén. de Moulins.

Ce sont quelquefois des molettes d'éperon au lieu d'étoiles, qui figurent dans les armes de cette famille, dont nous avons vu de nombreuses preuves de Malte, aux archives du département du Rhône.

DE FOURCHAUT, seigneurs de Fourchaut.

Châtellenie de Souvigny.

De sable, à la croix ancrée d'argent. — Pl. XVI.

Noms féodaux. — Guill. Revel.

Cette famille, éteinte depuis longtemps, prit son nom du fief de Fourchaut, situé dans la commune de Besson, près de Souvigny, où se voit encore un château du XIVᵉ siècle fort bien conservé, l'un des plus remarquables du Bourbonnais.

FOURNEAU, seigneurs de Crebert, de Ferrières, de Cerelier.

Châtellenie de Montluçon.

ALLIANCES : Peron, des Champs, Métenier, Guérin.

De sable, au fourneau d'argent. — Pl. XVI.

Regist. par. de Montluçon. — Arm. de la Gén. de Moulins.

DE FOURNOUX, seigneurs de Villechevreuse, de Vitry, du Breuil, de Tiollet, de Crebert.

Châtellenies de Montluçon, d'Hérisson.

ALLIANCES : Montet, Meslin, Pichon, de Thianges, de Chaussecourte.

Echiqueté d'argent et de gueules. — Pl. XVI.

Archives de l'Allier. — Arm. de la Gén. de Moulins. — Mém. sur la Gén. de Moulins.

FOUSSIER, seigneurs de Lorbigny, du Reray, de Laray.

Châtellenie de Souvigny.

ALLIANCE : Dollet de Chassenay.

D'azur, à quatre clefs d'or, deux à deux en sautoir, posées les unes sur les autres. — Pl. XVI.

Arch. de l'Allier. — Arm. de la Gén. de Moulins.

FOURRETON, seigneurs de Margelleix, de Combaud. La Marche et Bourbonnais.

Châtellenie de Montluçon.

ALLIANCES : Des Champs, Fayollet, Perrot.

Armoiries inconnues.

Arch. de l'Allier. — Reg. par. de Montluçon.

DE FRADEL, seigneurs de Rongère, du Lonzat, de La Jarrie, al. Bois-Jarry, de Bord, de Rax, d'Isserpent, de Silly, de Souligny, de Pierrefitte, de Montaigu, de Sapinière, du Tremblay; comtes de Fradel.

Châtellenies de Billy, de Verneuil.

ALLIANCES : Bouchardet, Traille, de Chaugy, de Lapelin, de Ferrières, de Bonnay, de Chabannes, Gallois, Chacaton, Brirot, Pitois, de Montcorbier, Le Brun, de Charlottière, de La Rocque, de La Grange, de Chouvigny, de Laval, Le Brunet de Privezac, Rocher, Gombaut de Séréville, Périer, de Las Cases.

De sinople, au rencontre de cerf d'or, accompagné en chef d'une étoile, en pointe d'un croissant, et aux flancs de deux étoiles, le tout d'argent. — Pl. XVI.

34

Archives de l'Allier. — Arm. de la Gén. de Moulins et de Bourges. — Preuves pour le Chapitre de Saint-Martin-de-Salles (diocèse de Lyon). — Preuves au Cabinet des Titres. — Mém. sur la Gén. de Moulins.

On voit dans une chapelle de l'église de Créchy, une console du commencement du XVIIe siècle qui porte les armes de la famille de Fradel, parties de celles des Berthet de Tillat; seulement le fond de ce blason est de gueules au lieu d'être de sinople.

DE FRAIGNE, seigneurs de Fraigne, de Clusors, de Bussière, de Chaloche, al. Chalose, de La Vaux-de-Cosne, de Bonpré.

Châtellenies d'Hérisson, de Bourbon.

ALLIANCE : De Vonel.

D'or, à la croix ancrée de sable. — Pl. XVI.

Noms féodaux.— Archives de l'Allier.— Arch. du château d'Embourg.— Guill. Revel.— Arm. de la Gén. de Moulins.— Armorial de Gilles Le Bouvier.— Mém. sur la Gén. de Moulins.

DE FRANCHESSE, seigneurs de Franchesse, des Manteaux.

Châtellenies de Bourbon, de Murat.

D'or, à la bande engrelée de gueules — Pl. XVI.

Noms féodaux. — Guill. Revel.

FRANÇOIS, seigneurs de Chillot, du Meuble.

Châtellenies de Verneuil, de Bourbon.

ALLIANCE : Tardal.

Armoiries inconnues.

Noms féodaux.

DE FRETEY, seigneurs du Fretey, du Pleix, de Poncenat.

Châtellenies de Chantelle, de Montluçon, de Billy.

ALLIANCE : De Lionne.

D'argent, au lion de gueules, armé et lampassé de sable. — Pl. XVI.

Noms féodaux. — Regist. paroissiaux de Montaigu-le-Blin.

DE FROMENTAUL, al. DE FROMENTAL, seigneurs de La Praelle, des Jonchères, de Fougerolles, des Burons.

Châtellenies de Billy, de Chantelle.

ALLIANCES : Mouvillot, Turpin.

Armoiries inconnues.

Noms féodaux. — Mém. sur la Gén. de Moulins.

GABARD, seigneurs de L'Echalette, de Breçon.

Châtellenies de Chaveroche, de Souvigny, de Verneuil.

ALLIANCES : De Guenegand, Ansalmin.

D'azur, à la bande d'or, accompagnée de deux étoiles de même, au chef palé d'azur et d'or de six pièces. — Pl. XVI.

Noms féodaux. — Guill. Revel. — Arch. du château de Boucé.

GALLAIS, al. GALAIX. Nivernais et Bourbonnais.

Châtellenies de Souvigny et de Moulins.

D'argent, à l'arbre de sinople, sommé d'un geai de sable, portant dans son bec une feuille de palmier de sinople. — Pl. XVI.

Arch. de l'Allier et du château du Ryau. — Arm. de la Gén. de Moulins. — Armorial du Nivernais.

Il est probable que cette famille était la même que son homonyme du Nivernais, qui, cependant, portait des armoiries différentes : *D'azur, au coq d'argent, becqué, barbé, crété et membré de gueules, posé sur une terrasse de sinople.*

DES GALOIS ou mieux GALLOIS, seigneurs de La Tour, de La Motte-de-Jai, de Chazelle, de Dompierre, de Lenax, du Bouchaud. Bourbonnais et La Marche.

Châtellenies de Billy, de Moulins.

ALLIANCE : Roy.

De sable, au sautoir d'or. — Pl. XVI.

Noms féodaux. — Arch. de l'Allier. — Arm. de la Gén. de Moulins. — Reg. paroiss. de Dompierre.

C'est à cette famille, probablement originaire des environs de La Palice, qu'appartenait le premier évêque nommé à Moulins, dont nous avons parlé précédemment.

DE GANNAT, seigneurs de Gannat, de Valnoyse, de Prégaut, de Chavagnac, de Mazerier.

Châtellenie de Gannat.

D'azur, au lion d'argent, armé et lampassé de gueules. — Pl. XVII.

Noms féodaux. — Guill. Revel. — Nobil. d'Auvergne. — Ancien Bourbonnais.

GARDIN, seigneurs des Bertins, d'Aubeprat.

Châtellenie de Vichy.

D'azur, à la bande d'argent, chargée de trois trèfles de gueules et accompagnée, en chef, d'une garde d'épée d'or et, en pointe, d'un daim passant de même. — Pl. XVII.

Archives de l'Allier. — Armorial de la Gén. de Moulins.

GARET DE MAISONEUVE, seigneurs de Maisoneuve.

Châtellenie de Vichy.

ALLIANCES : Du Lac, de Fougerolles, Dachier.

De gueules, au coq d'or, surmonté de deux croissants de même rangés en chef. — Pl. XVII.

Arch. de l'Allier. — Arm. de la Gén. de Moulins. — Reg. par. de Ferrières.

GARNIER, seigneurs d'Avrilly, de Beauvoir, de Blannois.

Châtellenies de Moulins, de Chaveroche.

ALLIANCES : Mazeille, Hardy, Feydeau, de Reugny, Le Febvre.

D'azur, au chevron d'or, accompagné de trois molettes de même. — Pl. XVII.

Arch. de l'Allier.— Noms féodaux. — Tabl. chronolog. — Regist. paroissiaux d'Iseure et d'Aurouer. — Arm. de la Gén. de Moulins.

Peut-être y a-t-il communauté d'origine entre cette famille et une famille du Berry du même nom, dont La Thaumassière décrit les armes : *D'azur, au chevron d'or, accompagné de trois chausse-trapes d'argent.* Des molettes d'éperon et les chiffres des Garnier sont sculptés sur un portail au château d'Avrilly.

GARREAU, seigneurs de La Faye, des Iles, de Chezelle, de La Seiglière, de Saint-Avit, de Montroy, de Charignat, de Hautefaye, de Buffet, du Planchat, de La Boulle. Bourbonnais et La Marche.

Châtellenie de Montluçon.

ALLIANCES : Luilier, des Champs, Garreau, Eudes, Bélot, Chambon, de La Ramas, de Douhet, de Beaufort, Aujay, Charreton.

D'azur, à trois annelets d'argent. — Pl. XVII.

Archives de l'Allier. — Noms féodaux. — Regist. paroissiaux de Montluçon. — Tableau chronolog. — Arm. de la Gén. de Moulins.

GAUDON, seigneurs de Souye, de Follet, de Lafé, de Bannassat, du Feu, de Cordebeuf.

Châtellenies de Souvigny, de Bourbon.

ALLIANCES : Bardon, du Clodal, de Rondi, de Baylle, de Bosredont.

D'azur, à trois coquilles d'or. — Pl. XVII.

Arch. de l'Allier et du château du Ryau. — Noms féodaux. — Tableau chronolog.

DE GAULMIN, seigneurs de La Goutte, des Maisons, de Laly, de Sauzay, de La Guyonnière, de Chassignolle, de Chezelle, du Mas, de La Guy, du Theil, du Bouchet, de Pomay, de La Place, des Forges, de La Pointe, du Ray, de La Forest, des Chastres, des Preux, de Tronget, des Bordes, de La Vignolle, de Saint-Pourçain-sur-Besbre, de Montbaillon, de La Faye, de Bourselaize, d'Aubigny, de Sauve, de La Tronçais ; comtes de Montgeorge, de Beauvoir et de Norat.

Châtellenies de Murat, de Chantelle, de Verneuil, de Moulins, de Bourbon.

Alliances : Tridon, de Forest, d'Obeilh, Caillé, Charon, de La Barre, de Fougières, Tallière, Foullé, Bravet, Le Brun, de Forestz, Doutre, de La Garde, Béraud, Roux de Moisset, Auzannet, de Balorre, Mareschal, de Culant, de Montbel, du Peyroux, Aymier, Mayat des Bérauds, Roy, de Dreuille, de Chambault, Farjonel, du Puy de Semur, etc.

D'azur, à trois glands d'or. — Pl. XVII.

Noms féodaux. — Arch. de l'Allier. — Tabl. chronolog. — Tablettes de Thémis. — Vulson de La Colombière. — Chevillard. — D'Hozier. — Dict. véridique. — Mém. sur la Gén. de Moulins.

On trouve aux Archives de l'Allier l'enregistrement des lettres patentes de 1762 érigeant en comté la seigneurie de Beauvoir, près de Saint-Pourçain-sur-Besbre, en faveur de Claude-Sébastien Gaulmin. D'Hozier et La Chesnaye des Bois donnent la généalogie de cette famille, qui a produit plusieurs hommes marquants.

DE GAYETTE, al. L'HERMITE DE GAYETTE, seigneurs de Gayette, de Villemouze, de Molle, de Boucé, de Gravières, de Montperroux. Bourbonnais et Auvergne.

Châtellenies de Billy, de Chaveroche, de Verneuil.

ALLIANCES : De Boucé, de Rollat, de Veures, de Saint-Romain.

De..... au griffon de..... — Pl. XVII.

Arch. de l'Allier et du château de Boucé.— Noms féodaux. — Hist. de Bresse et de Bugey. — Nobil. d'Auvergne.

C'est dans l'*Histoire de Bresse* de Guichenon que nous trouvons l'indication incomplète des armes de cette famille, qui posséda, dès le XVe siècle, la seigneurie de Gayette, près de Varennes-sur-Allier, dont elle bâtit le château et prit le nom.

DE GENESTINES, seigneurs de Genestines.

Châtellenies d'Ainay, d'Hérisson.

ALLIANCE : De Guynes.

D'argent, à trois aiglettes de sable, becquées et membrées de gueules. — Pl. XVII.

Arch. de l'Allier. — Noms féodaux. — Guill. Revel.

Guillaume Revel ajoute à ce blason une étoile au canton dextre de l'écu ; cette étoile devait être une brisure de cadet, nous ne la reproduisons point ici, voulant donner les armes pleines de la famille. Malgré l'opinion de M. Bouillet, nous ne pouvons admettre que cette famille soit la même que celle du même nom, qui habita le Forez.

DE GENESTOUX, seigneurs du Chambon, de Rouzières, du Prenat, de Vallière, des Manteaux, des Aragons. Auvergne et Bourbonnais.

Châtellenies de Billy, de Murat, de Moulins.

ALLIANCES : Des Forges, Dinet, Renaud, Coiffier, de Vaux, de La Platière, Mareschal.

D'azur, au chevron d'or. — Pl. XVII.

Arch. de l'Allier. — Noms féodaux. — Nobil. d'Auvergne. — Arm. de la Gén. de Moulins. — Mém. sur la Gén. de Moulins.

GENIN, seigneurs de Billonnat, de Bourdoiseau.

Châtellenie de Moulins.

ALLIANCE : Chabre.

Armoiries inconnues.

Arch. de l'Allier.

DE GERBE, seigneurs de Serve, du Péret, de Montcombroux.

Châtellenies de Moulins, de Billy.

ALLIANCES : Du Vivier, de Champblanc, Coin-
tereau.

Armoiries inconnues.

Arch. de l'Allier.

DE GINÇAY, seigneurs de La Bruyère.

Châtellenies d'Ainay, d'Hérisson.

Armoiries inconnues.

Noms féodaux.

GIRARD, seigneurs de Billezois, de La Girar-dière, de Balières, des Escures, de Noailly, du Chastel.

Châtellenies de Billy, de Chaveroche, de Verneuil.

De sable, à trois têtes d'aigle arrachées d'or, lampassées de gueules. — Pl. XVII.

On voit ces armes sculptées et peintes en divers endroits du château de Noailly, dans la commune de Magnet, qui fut bâti au XVe siècle, par cette famille.

GIRARD, seigneurs de Blasson, de Chavenon, du Ris, de Vasson, de Martigny.

Châtellenies de Moulins, de Souvigny.

ALLIANCES : Chartier, Bardon, de La Mousse, Charton, de Beaucaire.

Armoiries inconnues.

Archives de l'Allier.

Il est possible que cette famille ait une origine commune avec celle dont l'article suit.

GIRARD DE SAINT-GERAND, seigneurs de Saint-Gerand-le-Puy, de Chastel, de La Vaivre. Bourbonnais et Bourgogne.

Châtellenie de Billy.

ALLIANCES : D'Avrillon, Barrault, de Thimonet des Gaudières, de Lavirotte, Meynis du Fornel de Paulin, Quarré d'Aligny, Gravier de Vergennes.

D'azur, à trois cotices d'or. — Pl. XVII.

Cahier de la Noblesse du Bourbonnais.

GIRAUD, al. GIRAULT, seigneurs de Changy, La Bergerie, du Ris, des Echerolles, du Rozat, des Bordes, de Mimorin, de Vignolle.

Châtellenies de Moulins, de Billy, de Bourbon.

ALLIANCES : De Jaligny, Le Page, de Palierne, de Lécluse, Le Muet, Béchonnet, de Farjonel, Vernin de Salvert, Legendre, Chenevier, Prieur, Metenier, Bessonnat, Preslier, Vernin, Bouzital, de Tarade, Harel, Melon, Cadier, Saulnier, Mareschal.

De gueules, au puits d'argent, duquel sortent deux palmes de même, posées en bande et en barre, au chef cousu d'azur, chargé d'une fleur de lys d'or et une cotice de gueules en barre, brochant sur le chef. — Pl. XVII.

Noms féodaux. — Arch. de l'Allier.— Preuves de Malte, aux arch. du Rhône. — Arm. de la Gén. de Moulins.

On trouve quelquefois les armes des Giraud ainsi figurées : *Coupé d'azur et de gueules : l'azur, à une fleur de lys d'or, et une cotice de gueules en barre, brochant sur le tout ; le gueules, à l'écritoire d'argent, de laquelle sortent deux plumes de même, posées en bande et en barre*, et comme cette famille eut pour auteur le secrétaire d'un duc de Bourbon, ce dernier blason nous aurait semblé plus rationnel ; toutefois nous avons cru devoir adopter l'écu dessiné dans des preuves de chapelain de Malte du XVIIe siècle, aux archives du Rhône ; d'autant que cet écusson était reproduit, d'une manière à peu près identique, sur la cloche du château des Echerolles.

Nous donnons, en outre, les armes portées par la branche des Girault de Mimorin, dont l'établissement s'est maintenu en Bourbonnais : *D'or, à une croix ancrée de gueules, cantonnée de quatre canettes de sable.* — Pl. XVII.

GIRAUDET DE BOUDEMANGE, seigneurs de Boudemange.

Châtellenie de Moulins.

ALLIANCES : De Theneuille, Collin, Septier, Baron, Vachot, Rousseau.

Gironné d'or et de sable, à l'écusson de gueules en abîme. — Pl. XVII.

Arch. de l'Allier. — Arm. de la Gén. de Moulins.

DE GIVREUIL, seigneurs de Givreuil, de Pozeux, de La Vulpellière, de La Brosse.

Châtellenies de Bourbon, de Souvigny.

De gueules, à trois gerbes d'argent, liées d'or, et une étoile du second émail en abîme. — Pl. XVII.

Noms féodaux. — Guill. Revel.

DE GIVRY, seigneurs de Givry, de Besson, de Neuville.

Châtellenies de Souvigny, de Murat.

ALLIANCES : De La Tour, de Guénégaud, de La Salle.

D'azur, à l'aigle d'argent, becquée et membrée d'or. — Pl. XVII.

Noms féodaux. — Guill. Revel.

DE GLÉNÉ, seigneurs de Gléné, de La Creuse, de Buffévent, de La Brière, de Trésuble.

Châtellenies de Billy, de Chaveroche.

ALLIANCES : Du Vivier, de La Goutte, Ducru, de Riperte, d'Affry.

D'argent, à la croix ancrée de gueules, chargée en cœur d'une coquille versée d'or. — Pl. XVII.

Archives de l'Allier et du château de Boucé. — Noms féodaux. — Arm. de la Gén. de Moulins.

DES GOUTTES ou mieux RAQUIN DES GOUTTES, seigneurs de Lingendes, de La Brosse-Raquin, des Gouttes, de Fosseguérin, de La Bellonne, de Dennelle, de Saint-Léon, de Saint-Voir, de La Motte, de Varennes, du Péage.

Châtellenies de Chaveroche, de Moulins, de Chantelle, d'Hérisson, de Murat.

ALLIANCES : D'Amanzé, de Charry, de Saron, du Gué.

D'or, à la bande de gueules. — Pl. XVII.

Arch. de l'Allier et du château du Ryau. — Noms féodaux. — Preuves de Malte aux arch. du Rhône. — Titres de la maison de Bourbon. — Martyrologe des chevaliers de Saint-Jean de Jérusalem.

Au nom primitif de cette famille Raquin, avait été, au XVIe siècle, substitué celui de la seigneurie des Gouttes, aux environs de Jaligny, possédée par les Raquin dès 1500. Le blason décrit ci-dessus nous est connu par les preuves d'un chevalier de Malte de la famille de Charry, qui descendait des Raquin. Une pierre tumulaire, conservée au Musée de Moulins, qui, suivant le Catalogue de ce Musée, vient de l'église d'Ebreuil, porte ce blason plusieurs fois reproduit, avec des écartelures et des écus d'alliance, et les deux inscriptions suivantes, gravées en lettres capitales romaines. La première à l'entour, la seconde sur le champ de la dalle :

(cy git) MESSIRE LIONET DES GOVTTES | *(chevalier)* SEIGNEVR DVD *(ict)* LIEV DV PEAGE ET..... | EN SON VIVANT LIEVTENANT POVR LE | ROY AV GOVVERNEMANT DE BOVRBONOIS ET TRESPASSA LE . 16 . IESME MARS 1573.

CI GIT ILLVSTRISSIME PHELIPE DES GOVTES | GRAND PRIEVR DAVVERGNE LIEVTENANT GENERAL DES ARMEES NAVALES DE FRANCE | SOVBZ LES REIGNES DE LOVIS 13 ET LOVIS 14 | QVI EST DECEDE LE 23 OCTOBRE 1649.

Au dessus de cette dernière inscription est gravé un écusson *écartelé aux 1 et 4 d'une bande, et aux 2 et 3 d'un blason fort effacé, dans lequel il nous a semblé reconnaître une croix, chargée en cœur d'un écu de vair et une bordure.* L'écu entouré du collier de Saint-Michel, timbré d'un casque avec lambrequins et une tête de chien pour cimier, est supporté par deux aigles.

Quatre autres blasons, sans ornements extérieurs, très peu visibles, occupent les angles de la dalle : celui de gauche du haut est semblable au premier décrit, on ne distingue plus rien de celui de droite ; au bas ce sont des écus des Raquin des Gouttes partis l'un *d'une fasce*, l'autre *d'un bandé de six pièces*, ce sont des écus d'alliance que nous ne pouvons attribuer.

DE GOUZOLLE, seigneurs de Gouzolle, du Mas, du Theil, de Talayat, de Boucherolles.

Châtellenies de Bourbon, de Souvigny, de Chantelle, de Verneuil.

Alliances : Du Gué, de Brandons, de Guise, de Chambon, de Chantelot, de Chavagnac.

De gueules, à trois rameaux d'or. — Pl. XVII.

Arch. de l'Allier. — Noms féodaux. — Guill. Revel. — Preuves de Malte. — Nobil. d'Auvergne.

On trouve aussi souvent les armes de cette famille : *D'argent, à trois feuilles de sinople ;* M. Bouillet les a données ainsi, nous avons préféré l'écusson reproduit par Guillaume Revel.

DE GOY, seigneurs d'Idogne, de Bègues. Auvergne et Bourbonnais.

Châtellenie de Gannat.

Alliances : Renaud, Estienne, Marcellin.

D'azur, à trois cors-de-chasse d'or, virolés d'argent. — Pl. XVIII.

Arch. de l'Allier. — Noms féodaux. — Arm. de la Gén. de Moulins. — Preuves au Cabinet des Titres. — Nobil. d'Auvergne. -- Dict. de la Noblesse.

La Chesnaye des Bois, qui a donné la généalogie de cette famille, la fait venir des Pays-Bas; M. Bouillet, combattant cette assertion, la dit originaire d'Aigueperse, en Auvergne; nous partageons complètement cette opinion. Nous avons vu dans la maison Godemel, à Gannat, une plaque de cheminée du XVIII° siècle, offrant deux écussons ovales accolés, timbrés d'une couronne de marquis, dont l'un porte les armes des de Goy.

D'après l'*Armorial Général* de Rietstap, les armoiries de cette famille seraient : *Ecartelé aux 1 et 4 d'or, à une fleur de lys et de gueules, au chef de sable, chargé de trois coquilles d'argent, et aux 2 et 3 d'azur, à trois cors de chasse d'or, virolés du même.*

GRAILLOT, seigneurs de Givrettes, des Mazières, de La Rivière, de La Mirette, de Thizon.

Châtellenie de Montluçon.

Alliances : Sicaud, Jaladon de La Barre.

Burelé de sable et d'or de dix pièces. — Pl. XVIII.

Noms féodaux. — Regist. paroissiaux de Montluçon et d'Estivareilles. — *Bulletin de la Société d'Émulation de l'Allier,* t. V. — Arm. de la Gén. de Moulins.

On voit dans l'église Notre-Dame de Montluçon, plusieurs épitaphes de membres de cette famille du XVIIe et du XVIIIe siècle.

GRAULIER, seigneurs de La Tour-Graulier, de La Fauconnière.

Châtellenie de Gannat.

ALLIANCES : Rachot, de La Ribe, de Montrognon.

D'or, à trois graules de sable, à la lettre G de gueules en cœur, à la bordure engrelée du même. — Pl. XVIII.

Les peintures de l'hôtel Graulier, par M. le Dr Vannaire.

M. le Dr Vannaire a décrit dans un mémoire fort intéressant *(Bulletin de la Société d'Émulation de l'Allier 1879)* les restes de la décoration armoriée d'une salle de l'hôtel de cette famille à Gannat, construction du XVe siècle. « Nous n'hési-
« tons pas, dit M. Vannaire, à attribuer à cette famille ganna-
« toise (les Graulier) l'écu d'or, à trois graules de sable, au G
« gothique de gueules, en cœur, à la bordure engrelée de même.
« Ces armoiries sont parlantes au premier chef : La *graule* est,
« en vieux français, comme en patois auvergnat, un corbeau
« ou une corneille. La bordure engrelée indique déjà une
« branche cadette dans cette famille, et implique des armoiries
« déjà consacrées. »

GRAVIER, seigneurs de Villefranche, de Rouée, de Longevigne, des Granges, du Montceau.

Châtellenies de Vichy, de Moulins.

ALLIANCES : Dalbost, de Forges, Dain, de Doyat, du Vergier, Reynauld, de Vict de Pontgibaud, de La Ville, Sicauld de La Ramas, Bouchand, de La Chaise, Genin de Billonnat, Rivière de Mingot, de Luzène, Loyseau de La Vesvre, du Saray, baron de Chardin, Tixier de Boisrobert, Rougane de Chanteloup, Despret de Bord, de Vissac, Secretain de Neuville, Chocheprat, de Berthet, Dufrêne, de Thélin, de Préneuf, de Grillon, Gautard du Mouchet, Dubois.

D'azur, au soleil d'or. — Pl. XVIII.

Arch. de l'Allier. — Armorial de la Gén. de Moulins.

Quelques membres de cette famille marquante de Vichy ajoutent à leur blason celui des Gravier de Vergennes, avec lesquels ils ont une origine commune constatée par des titres et des relations non interrompues jusqu'à nos jours.

A cette branche des Gravier de Vergennes, qui est l'aînée de toute la famille, appartiennent Jean Gravier, marquis de Vergennes, ambassadeur en Suisse, et Charles Gravier, comte de Vergennes, ministre des affaires étrangères, sous Louis XVI.

Une plaque de cuivre, aux armes des Gravier, se voyait au dessus de la porte du couvent des Capucins de Vichy. Ces armes étaient suivies d'une inscription qui rappelait que ledit couvent avait été fondé et construit en 1637, par Peronelle Bouchand, veuve de François Gravier, conseiller du Roi. (procès-verbal du 27 avril 1711 et certificat du frère Constantin du 12 mars 1712).

DE GRAVIÈRES, seigneurs de Gravières.

Châtellenies de Billy, de Verneuil.

ALLIANCE : De La Motte.

Armoiries inconnues.

Noms féodaux.

GRIFFET, seigneurs de La Baume. En Bourbonnais et en Forez.

Châtellenies de Billy, de Moulins.

ALLIANCES : Thibaut, Quesson, Vigier, Moulin, Brirot, Tavernier, Guérin de Charmont.

D'azur, au griffon d'or, à trois croix ancrées d'argent rangées en chef. — Pl. XVIII.

Noms féodaux. — Arch. de l'Allier. — Regist. paroissiaux de Neuvy. — Tabl. chronolog. — Arm. de la Gén. de Moulins. — Biogr. universelle.

A cette famille appartenaient les jésuites Henri et Claude Griffet, auteurs de divers ouvrages de théologie, d'histoire et de littérature, morts dans le XVIIIe siècle, et un écrivain plus moderne, Antoine Griffet de La Baume, qui a publié des traductions d'ouvrages anglais.

DE GRIFFIER, al. DE GRIFFER, seigneurs de Griffier, de La Palice.

Châtellenie de Billy.

Armoiries inconnues.

Noms féodaux. — Archives de l'Allier. — Nobil. d'Auvergne.

DE GROSBOIS, seigneurs de l'Etang.

Châtellenies d'Hérisson, de Montluçon, de Murat.

ALLIANCE : Vigier.

Armoiries inconnues.

Noms féodaux.

GROZIEUX DE LA GUÉRENNE, al. GROS-YEUX. La Marche et Bourbonnais.

Châtellenies d'Ainay, de Montluçon.

ALLIANCES : Brugière, Meslin, Janny, Belard, Dagard, Vyau de La Garde, Vilatte de Peufeil-houx.

De sinople, à trois lapins courants d'or, au chef cousu d'azur, chargé d'une lune d'argent. — Pl. XVIII.

Archives de l'Allier. — Noms féodaux.

DU GUÉ, seigneurs des Ternes, de Percenat, de Coutansouze, des Graviers, de La Brosse, de Carre.

Châtellenie de Gannat.

ALLIANCES : De Gaulernes, de Bornay, Burelle, Gadin, des Gouttes.

Armoiries inconnues.

Archives de l'Allier.

Peut-être cette famille portait-elle : *D'or, à deux pals ondés d'azur (Arm. de la Gén. de Moulins).*

DE GUÉNÉGAUD, seigneurs de Guénégaud, de Bellevanne, de Besson, du Plessis-Belleville ; barons de Saint-Just ; vicomtes de Sye et de Semoine ; comtes de Montbrison ; marquis de Plancy. Bourbonnais, Paris et Champagne.

Châtellenies de Verneuil, de Billy, de Chantelle, de Souvigny.

Alliances : De La Houssaye, de Givry, de La Salle, de Tronçay, de Boy, de Borbes, Tard, Pille.

De gueules, au lion d'or. — Pl. XVIII.

Arch. de l'Allier et du château de Boucé. — Noms féodaux. — Hist. des grands offic. de la Couronne. — Vulson de La Colombière. — Dict. de la Noblesse. — Guichenon. — Dict. véridique. — Waroquier de Combes. — Nobil. d'Auvergne. — Invent. des Titres de la maison de Bourbon.

« L'ancien fief de Guénégaud, près de Saint-Pourçain, dit M. Bouillet, a été le patrimoine d'une famille noble de même nom, depuis le commencement du XIVe siècle, ainsi que le constatent de nombreux actes de foi-hommage rendus à raison de cette seigneurie et autres, situées autour de la petite ville de Saint-Pourçain..... Nul doute sur l'existence et la noblesse ancienne de cette famille de Guénégaud, mais ici se présente un doute ; une famille de Guénégaud, originaire du même lieu, possédant la même terre, s'est élevée rapidement en passant par l'office de secrétaire du roi, office qui, d'ordinaire, s'accordait dans un but d'acheminement à la noblesse, mais très rarement à des nobles. La question se présente donc de savoir si Claude de Guénégaud, seigneur du lieu, pourvu de l'office de secrétaire du roi, le 4 mai 1600, appartenait à l'ancienne race des seigneurs de Guénégaud, ou s'il en avait usurpé le nom. » M. Bouillet se prononce pour la première hypothèse, malgré l'avis des généalogistes, et nous partageons son opinion. Nous croyons donc que la famille de Guénégaud, qui s'est illustrée par le mérite de plusieurs de ses membres, par des services rendus à l'Etat et par de grandes alliances, est bien la même que celle qui possédait Guénégaud au XIVe et au XVe siècle. Henri de Guénégaud, seigneur du Plessis, marquis de Plancy, etc., secrétaire d'Etat et garde des sceaux des Ordres du roi, portait, suivant le P. Anselme : *Ecartelé : aux 1 et 4 d'azur, à la croix d'or, chargée d'un croissant de gueules en abîme*, qui est de Lacroix; *au 2, contre-écartelé aux 1 et 4 d'azur, à trois fleurs de lys d'or, à la bordure engrelée de gueules, et aux 2 et 3 d'or, à trois tourteaux de gueules*, qui est de Courtenay ; *au 3 d'argent, à deux pals de sable*, qui est de Harlay ; *et sur le tout, de gueules au lion d'or*, qui est de Guénégaud.

GUÉRIN, seigneurs de Monteil, de Chandelier, de Chermont, des Terceries, de Champagnat, de Saint-Bonnet.

Châtellenies de Billy, de Vichy.

ALLIANCES : De Sanzay, Billard, Bouchant, Faverot, de Saulieu.

D'azur, au chevron d'or, accompagné en chef de deux étoiles de même et en pointe d'un croissant d'argent. — Pl. XVIII.

Noms féodaux. — Arch. de l'Allier. — Tabl. chronolog. — Arm. de la Gén. de Moulins.

Quelquefois le croissant qui figure dans les armes de cette famille, est surmonté d'une palme d'or.

GUÉRIN, seigneurs d'Etrouchier, de Champagnier, de La Genebrière.

Châtellenie de Montluçon.

ALLIANCES : Odon, Vauvret, Fayollet, Alamargot, Bonhomme, Jaladon de La Barre.

D'azur, à trois poissons d'argent en pal rangés en chef, et une loutre de même en pointe. — Pl. XVIII.

Noms féodaux. — Regist. paroissiaux de Montluçon.

Les armes attribuées à cette famille par l'Armorial manuscrit de la Généralité de Moulins : *De gueules, à une caisse de tambour d'argent, posée en bande*, sont évidemment fausses. Nous donnons le blason ci-dessus d'après un ancien cachet de famille.

GUILLAUD DE LA MOTTE, seigneurs du Péage, de La Motte, de Treteau, de Bideux, des Gouttes, du Ryau, de Montberon, des Varennes, de Jaligny, de Sorbier, de La Roquette, de Malloué-Châtel-Perron ; barons de Boucé ; marquis de Jaligny.

Châtellenie de Chaveroche.

ALLIANCES : De La Loire, Venuat, Furgaud, de Marmande, Chastelain, Morel, Coudonnier, de Charry, de Quatrebarbes, Texier d'Hautefeuille, de Plantade.

D'azur, au chevron, accompagné en chef de deux étoiles et en pointe d'un fermail, le tout d'or. — Pl. XVIII.

Arch. de l'Allier. — Noms féodaux. — Regist. paroissiaux de Boucé, de Thiel. — Preuves de Malte d'Antoine de Charry des Gouttes. — Arm. de la Gén. de Moulins.

DE GUILLEBON, seigneurs des Manteaux, Venteuil-Bouteresse, des Chazeaux, de Barberier.

Châtellenie de Verneuil, de Chantelle.

ALLIANCES : Semin, du Buisson.

Armoiries inconnues.

Arch. de l'Allier.

GUILLOUET D'ORVILLIERS, seigneurs d'Orvilliers, de Rochette, de La Motte-Chamaron, de Vellatte, de La Tronçais, de Laleuf, de Liernolles, de La Garenne.

Châtellenies de Moulins, de Murat, de Bourbon.

ALLIANCES : Le Breton, Aubery, Piedenus, de Vic.

D'azur, à trois fers de pique d'or. — Pl. XVIII.

Arch. de l'Allier. — Noms féodaux. — — Arm. de la Gén. de Moulins. — Tableau chronologique. — Hist. du Bourbonnais. — Mém. sur la Gén. de Moulins.

A cette famille appartenait Gilbert Guillouet d'Orvilliers, vice-amiral et grand'croix de Saint-Louis, mort vers la fin du XVIIIe siècle.

GUY, seigneurs de Laye, des Charmes, de La Tournelle, de Ferrières, de Maignance.

Châtellenie de Montluçon.

ALLIANCE : De Tresuble.

Armoiries inconnues.

Noms féodaux. — Arch. de l'Allier.

DE GUYNES, seigneurs de La Motte-du-Foux, des Mignons, des Myniers.

Châtellenie de Billy.

ALLIANCES : De Gennetines, de Sommièvre.

Armoiries inconnues.

Arch. de l'Allier.

HARDY, seigneurs des Loges, de La Masse-linière, de La Motte-de-Moux, de Fretay, des Prosts.

Châtellenie de Moulins.

ALLIANCES : De Lorme, de Brinon.

Armoiries inconnues.

Arch. de l'Allier. — Noms féodaux. — Mémoires des Intendants. — Regist. paroissiaux de Neuilly-le-Réal. — Tabl. chronologique.

HASTIER DE LA JOLIVETTE, seigneurs de La Jolivette, de La Presle, de Corgenay.

Châtellenie de Moulins.

ALLIANCES : Panai du Defend, Arnoux, Noel, Laynaud, Pelletier, de Champfeu.

D'azur, au croissant d'argent, accompagné de trois étoiles de même. — Pl. XVIII.

Noms féodaux. — Arch. de l'Allier. — Tableau chronologique. — Arm. de la Gén. de Moulins.

L'Armorial manuscrit attribue à cette famille des armes différentes : *D'azur, à deux flèches d'or posées en croix.*

HÉRAULT, seigneurs de Chantemilau, de Château-Gaillard, de Gourville.

Châtellenie de Billy.

ALLIANCES : Bourdier, Brulay.

D'argent, à trois grues de sable. — Pl. XVIII.

Arch. de l'Allier. — Noms féodaux. — Tableau chronologique. — Arm. de la Gén. de Moulins.

D'HÉRISSON, seigneurs de Civray, de l'Ouroux-de-Bouble, de Vérignet.

Châtellenie d'Hérisson.

Armoiries inconnues.

Noms féodaux.

HÉRON, seigneurs de Verneuil, de L'Orme, de La Chenal-Beaugard, de Cordebœuf.

Châtellenies de Verneuil, de Chantelle, de Billy.

ALLIANCES : De Chatais, de Villaines, Revanger.

D'or, au chevron d'azur, accompagné en chef de deux grenades de sinople, feuillées de même et ouvertes de gueules, et en pointe d'un héron de sable, becqué et membré de gueules. — Pl. XVIII.

Archives de l'Allier. —Noms féodaux. — Armorial de la Gén. de Moulins.

HEROYS, seigneurs de Montaigu-lez-Coulan-don, de Certilly, d'Origny, de Mingot, de La Ramas, du Coudray, de Mirebeau, de La Vieure, de Chamillet, de La Grande-Augère, du Sault.

Châtellenies de Moulins, de Belleperche.

ALLIANCES : Brisson, Feydeau, Tissandier, Bour-derel, Alexandre de Bausson.

De gueules, au héron d'argent. — Pl. XVIII.

Noms féodaux. — Arch. de l'Allier. — Regist. paroissiaux d'Iseure. — Arm. de la Gén. de Moulins.

On trouve aussi les armes de cette famille ainsi décrites dans l'Armorial manuscrit: *D'azur, à l'oiseau d'or, becquetant un raisin d'argent, branché et feuillé du second émail, sortant d'une terrasse de sinople.*

HEULHARD, seigneurs des Burliers, des Piards, de La Burelle, des Pieredons, des Folles, d'Origny, de Certilly, de Monteuil, de La Maron-dière, des Bourats, de La Pomerée, des Garnaudes. Bourbonnais et Nivernais.

Châtellenie de Moulins.

ALLIANCES : Roussault, Mayat, Roy, Giraud, de La Geneste, Gay, de Champfeu, Bourdin.

D'argent, au chevron de gueules, accompagné de trois œillets de même, tigés et feuilletés de sinople. — Pl. XVIII.

Arch. de l'Allier. — Noms féodaux. — Tabl. chronologique. — Arm. de la Gén. de Moulins. Arm. du Nivernais.

Un écusson à ces armes, timbré d'une couronne de comte, se voit sur les jetons frappés pour Jacques Heulhard, conseiller au présidial de Moulins, maire de cette ville de 1786 à 1790 (Voir notre *Essai sur la Numismatique bourbonnaise*).

HUGON DE GIVRY, seigneurs de Fourchaud, de Lachay, de Givry, des Janigons, des Noettes, de Pouzy, de Gennetines, de Laugère.

Châtellenies de Souvigny, de Bourbon.

ALLIANCES : Rumler, Butin, Cordier, de Saint-Hilaire, Moret, Valette de Bordon, de Rochevert, Duroy, Blanc.

D'argent, au cygne de sinople accolé d'une couronne d'or, accompagné en chef de deux cœurs de gueules. — Pl. XVIII.

Noms féodaux. — Arch. de l'Allier.— Arch. du château d'Embourg. — Arm. de la Gén. de Moulins. — Mém. sur la Gén. de Moulins.

Le Musée archéologique de Moulins renferme une fort belle plaque de cheminée de 1700 environ aux armes de cette famille avec un écu d'alliance. Les deux écussons sont ovales.

38

HUGUET, seigneurs du Lys, de Nointeau, de Chassirapière, du Lac, de La Chaise, de Montchenin.

Châtellenie d'Hérisson.

ALLIANCES : Nicolas, Martel, Rambost, Cornereau, Bergeron, Rouéron, Grimard, Tiersonnier.

Armoiries inconnues.

Noms féodaux. — Arch. de l'Allier.

Badier, continuateur de La Chesnaye des Bois, dont on connaît la complaisance au point de vue généalogique, plus grande encore que celle du premier auteur du *Dictionnaire de la Noblesse,* a rattaché, sans la moindre apparence de preuves, aux Huguet du Bourbonnais, les Huguet de Sémonville, anoblis en 1655 par un office de secrétaire du Roi, et qui eurent une position considérable au XVIIIe siècle. Pour donner une ancienneté plus marquante aux Sémonville, Badier fait remonter au XIIIe siècle les Huguet-Bourbonnais qui, bien posés à Hérisson pendant le XVIIe et XVIIIe siècle, y exercèrent des charges dans la maîtrise des eaux et forêts ; il leur attribue les armes des Huguet de Sémonville : *Ecartelé aux 1 et 4 d'azur, au cygne d'argent, et aux 2 et 3, d'or, au chêne de sinople englanté d'argent ;* rien ne prouve la vérité de cette attribution. Nous serions plutôt tenté de croire que les Huguet d'Hérisson avaient le même blason que leurs homonymes de l'Auvergne à qui l'*Armorial Général* donne pour armoiries : *D'azur, à l'arbre d'or accosté de deux lions affrontés de même, et d'or, à l'arbre de sinople, soutenu de deux lions affrontés de gueules.*

HURAULT, seigneurs de Saint-Denis, de La
Grange, de Vibraye, des Marais, de Veuil, de Bebs-
bat, de Boistaillé, d'Auneux, de La Morlière, etc.;
barons d'Huriel ; comtes de Cheverny.

Châtellenie d'Hérisson.

ALLIANCES : De Biron, de La Boissière, de
Champigny, de Chauvigny, de Cugnac, d'Escou-
bleau, de Guatteville, de Guerchy, de l'Hospital, de
Malherbes, de Mayon, de Monvilliers, Morio de l'Isle,
de Thou, de La Trémouille, de Villebresne, etc.

*D'or, à la croix d'azur, cantonnée de quatre ombres de soleil
de gueules.* — Pl. XVIII.

Mémoire d'estat de Messire Philippe Hurault, chancelier de France, Paris, Chavalier,
1636. — D'Hozier. — P. Anselme. — La Chesnaye des Bois. — Saint-Allais. — Gall. Christ,
t. II, etc.

A cette famille se rattache la branche des vicomtes de Ville-
braye qui existe encore, des comtes de Cheverny, et la branche
des Hurault de l'Hospital dont le dernier rejeton est M. l'abbé
Hurault, chanoine, curé de Saint-Pierre de Nevers.

Nous donnons ici les armes pleines de cette famille. La
branche cadette brisa en chef, sur la croix, d'une coquille
d'argent, mais les comtes de Cheverny, descendant de cette
branche, laissèrent plus tard la coquille, pour reprendre les
armes pleines de leur maison.

D'HURIEL, seigneurs d'Huriel.

Châtellenie de Montluçon.

Armoiries inconnues.

Ancien Bourbonnais. — Essai sur la Numismatique Bourbonnaise.

IMBERT DE BALORRE, seigneurs des Brioudes, de La Rue, de La Porte, de La Cour ; comtes de Balorre.

Châtellenies d'Ainay, de Moulins, de Verneuil.

D'azur, à onze besants d'argent, placés 4, 4 et 3, au chef d'or. — Pl. XVIII.

Noms féodaux. — Arm. de la Gén. de Moulins. — Titre sur Lettres patentes de la Restauration.

L'Armorial manuscrit de la Généralité de Moulins décrit ainsi les armes de cette famille : *D'azur, à la nuée d'or en chef, de laquelle tombe une pluie d'argent sur une terrasse de même.*

D'ISSERPENT, seigneurs d'Isserpent, de Servilly, de Châteauroux, de Vergan, de Puy-Moûtier, de Chitain, de La Rue, de Sorbier, de Villesanois, de Voroz, de Saint-Saturnin, de Pont-Amelly, de

Lodde, de Magny, de Vesvre, de Mortillon, de Villenole; barons et comtes de Gondras. Bourbonnais, Auvergne, Forez, Nivernais et Beaujolais.

Châtellenies de Billy, de Chaveroche, de Moulins, de Souvigny.

ALLIANCES : De Champropin, de Bellenave, de La Fay, de La Guiche, de Bagneux, de Saint-Marcel, de Montrevel, de La Souche, de Rollat, de Rostaing, de Châteauneuf.

D'or, au lion d'azur, armé et lampassé de gueules. — Pl. XVIII.

Noms féodaux. — Anc. Bourb. — Guill. Revel. — Arch. de l'Allier. — Arch. du château de Vesvre. — Manuscrits de Guichenon. — Preuves des comtes de Lyon. — Mém. de Castelnau. — Vertot. — Fiefs du Forez.

Fort ancienne famille de chevalerie, qui prit son nom de la seigneurie d'Isserpent (Isserpanum), près de La Palice. On trouve souvent son nom écrit des Serpens, et ses armes décrites de diverses manières : tantôt le lion est de sinople, tantôt le champ est d'argent ; nous avons adopté l'écusson donné par l'*Armorial* de Guillaume Revel.

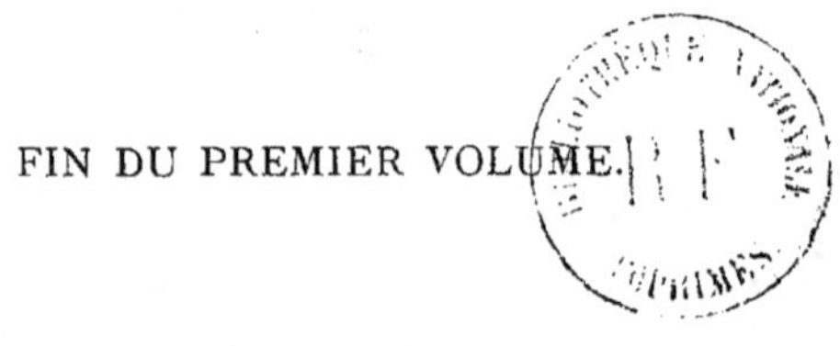

FIN DU PREMIER VOLUME.

MOULINS. — IMPRIMERIE Et. AUCLAIRE

SUCCESSEUR DE C. DESROSIERS.